Uni-Taschenbücher 2011

UTB
FÜR WISSEN
SCHAFT

Eine Arbeitsgemeinschaft der Verlage

Wilhelm Fink Verlag München
A. Francke Verlag Tübingen und Basel
Paul Haupt Verlag Bern · Stuttgart · Wien
Hüthig Fachverlage Heidelberg
Verlag Leske + Budrich GmbH Opladen
Lucius & Lucius Verlagsgesellschaft Stuttgart
Mohr Siebeck Tübingen
Quelle & Meyer Verlag Wiesbaden
Ernst Reinhardt Verlag München und Basel
Schäffer-Poeschel Verlag Stuttgart
Ferdinand Schöningh Verlag Paderborn · München · Wien · Zürich
Eugen Ulmer Verlag Stuttgart
Vandenhoeck & Ruprecht in Göttingen und Zürich

Alfred Litschauer

Grundlagen des Musikunterrichts

Eine Einführung in die Musikdidaktik

Verlag Paul Haupt
Bern · Stuttgart · Wien

Alfred Litschauer, Mag. phil., geb. 1947 in Wien, ist ordentlicher Professor an der Universität für Musik und Darstellende Kunst in Wien. Nach dem Studium (Deutsche Philologie, Lehramt Musik, Instrumentalpädagogik) unterrichtete er 16 Jahre an Gymnasien. Noch während dessen übernahm er 1983 die Leitung der Ersten Lehrkanzel für Musikpädagogik an der damaligen Hochschule für Musik und Darstellende Kunst in Wien. Arbeitsschwerpunkt: Allgemeinbildender Musikunterricht.

Anmerkungen zu den Zitaten und Literaturverweisen:
Alle Zitate sind kursiv gesetzt; alles kursiv Gesetzte sind Zitate bzw. deren Quellenangabe.
Familiennamen in Großbuchstaben verweisen auf die betreffenden Familiennamen im Literaturverzeichnis.
Bei der Wiedergabe fremder Textstellen wurden druckgraphische Besonderheiten der Textgestaltung (Kursivdruck, Hervorhebungen etc.), unübliche Abkürzungen sowie originale Druckfehler nicht übernommen.

Die Deutsche Bibliothek – CIP-Einheitsaufnahme

Litschauer, Alfred:
Grundlagen des Musikunterrichts : eine Einführung in die Musikdidaktik /
Alfred Litschauer. –
Bern ; Stuttgart ; Wien : Haupt, 1998
(UTB für Wissenschaft : Uni-Taschenbücher : 2011)
ISBN 3-258-05748-6 (Haupt)

ISBN 3-8252-2011-7 (UTB-Bestellnummer)

Vorwort

Es gilt also auch heute noch die Aussage von Friedrich Wilhelm Dörpfeld (1829-1893):
'Eine richtige Theorie ist das
Praktischste, was es gibt'
Fragt sich nur, was eine 'richtige' Theorie ist. (DIETRICH, S. 21)

Eine richtige Theorie bietet eine passende Grundlage für die Planung eines gelungenen Werkes.

So soll dieses Buch

- realistischen Einblick in die Voraussetzungen und Bedingungen, Faktoren und Elemente des Musikunterrichts für 11- bis 18-jährige aus einer möglichst weiten theoretischen Perspektive geben
- einschlägige Probleme in ihren Koordinaten erfassen und Wege zu ihrer Lösung weisen
- Vorarbeit für musikalische Allgemeinbildung in der modernen Kultur der Gegenwart leisten.

***

Für die Voraussetzungen zu diesem Buch habe ich vielen Menschen zu danken, zuerst meiner Familie, nicht zuletzt Schülerinnen und Schülern sowie Studierenden während dreier Jahrzehnte.

Im besonderen gilt mein Dank Herrn Dr. Gottfried Kinsky-Weinfurter für die große intellektuelle Herausforderung und Bereicherung sowie Frau Birgit Graf für die kompetente Herstellung der Reinschrift.

Dem Verleger, Herrn Men Haupt, gebührt der Dank für seine Bereitschaft, eine exklusive Marktnische zu bedienen.

Inhaltverzeichnis

1. Einleitung: Zur Erkenntnis musikpädagogischer Probleme 1

1.1 Probleme als Ausgangspunkt 1

1.2 Erwartung und Erfahrung 2

1.3 Theorie und Praxis 4

1.4 Kategoriale Fragen zur Klärung von bestimmten Problemen 6

2. Pädagogische Grundbegriffe in musikpädagogischer Hinsicht 9

2.1 Schule 9
2.1.1 Aspekte der Institution Schule 9
2.1.2 Musik in der Schule 10

2.2 Sozialisation 11

2.3 Bildung 13

2.4 Allgemeinbildung 15
2.4.1 Zum Begriff der Allgemeinbildung 15
2.4.2 Zur Begründung von Allgemeinbildung 16
2.4.3 Zur Kritik der Allgemeinbildung 17
2.4.4 Allgemeinbildung und Unterricht 22
2.4.5 Inhalte musikalischer Allgemeinbildung 23

2.5 Lernen 24
2.5.1 Antriebsmomente des Lernens 24
2.5.2 Inhalte des Lernens 27

2.6 Erziehung 28

3. Komplexität des Musikunterrichts 31

3.0 Musikunterricht als System 31

3.1 Relativität der Musik 34
3.1.1 Mehrwertigkeit der Musik 34
3.1.2 Entgrenzung der Musik 35
3.1.3 Relationen der Musik 40
3.1.4 Mittelbarkeit der Musik 45

3.2 Facetten des Musikverstehens 51
3.2.1 Musikverstehen; Musikwahrnehmung 51
3.2.2 Musikdidaktisch relevante Arten des Verstehens 56

3.3 Gegenwart der aktuellen Kultur 62
3.3.1 Aktualität als musikpädagogisches Problem 62
3.3.2 Momente der aktuellen Kultur 64
3.3.2.1 Einige Voraussetzungen für den Musikunterricht 64
3.3.2.2 Einige Merkmale der aktuellen Kultur 69
3.3.3 Konsequenzen für den Musikunterricht 81
3.3.3.1 Vielfalt verifizieren 81
3.3.3.2 Aktuelle Unterrichtsinhalte realisieren 83
3.3.3.3 Kontinuität schaffen 84
3.3.3.4 Musikunterricht modernisieren 85

3.4 Lehrer 88

3.5 Schüler 92

3.6 Die Szene des Musikunterrichts 99

3.7 Zeit als pädagogisch-didaktische Kategorie 105

4. Elemente des Musikunterrichts 109

4.1 Überblick 109

4.2 Ziele 111

4.3 Thematik 116

4.4 Praxisformen 124

5. Aus der Geschichte des Musikunterrichts 135

5.1 Musik in der abendländischen Schule 135
5.1.1 Antike 135
5.1.2 Vom Mittelalter bis zum 18. Jahrhundert 136
5.1.3 XIX. und 20. Jahrhundert 138

5.2 Konzeptionelle Vorgaben an den allgemeinen Musikunterricht im 20. Jahrhundert 141

Literaturverzeichnis 151

Personenregister 167

Sachregister 171

1. Einleitung: Zur Erkenntnis musikpädagogischer Probleme

1.1 Probleme als Ausgangspunkt

Soweit man überhaupt davon sprechen kann, daß die Wissenschaft oder die Erkenntnis irgendwo beginnt, so gilt folgendes: Die Erkenntnis beginnt nicht mit Wahrnehmungen oder Beobachtungen oder der Sammlung von Daten oder von Tatsachen, sondern sie beginnt mit Problemen. (...)
Der Ausgangspunkt ist also immer das Problem; und die Beobachtung wird nur dann zu einer Art Ausgangspunkt, wenn sie ein Problem enthüllt; oder mit anderen Worten, wenn sie uns überrascht, wenn sie uns zeigt, daß etwas in unserem Wissen - in unseren Erwartungen, in unseren Theorien nicht ganz stimmt. (POPPER 1984, S. 80f.)

Was der Erkenntnis sozialwissenschaftlicher Probleme dient, kann aus gutem Grund auch für die Erkenntnis pädagogischer und musikpädagogischer Probleme gelten.

Schon die Programmatik des allgemeinen, nicht berufsvorbereitenden Musikunterrichts im antiken Athen (genauer: des Unterrichts in jener *Einheit* von *Sprache, Vers, Musik und Tanz*, welche damals *Musiké* genannt wurde - *GEORGIADES, S. 8*; die gängige Übersetzung dessen mit „Musik" ist unzulänglich) war von spezifischem Problembewußtsein kritisch begleitet:

Die gegenwärtig üblichen Lehrgegenstände schwanken nun, wie gesagt, hin und her. Es sind im wesentlichen vier Dinge, in denen man zu unterrichten pflegt: Grammatik, Turnen, Musik und gelegentlich das Zeichnen; die Grammatik und das Zeichnen als nützlich fürs Leben und vielfältig anwendbar, die Gymnastik als Übung zur Tapferkeit. Bei der Musik erheben sich Fragen: die meisten interessieren sich für sie um des Vergnügens willen, ursprünglich aber galt sie als ein Stück Erziehung (...) (Aristoteles, 384/3-322/1 v. Chr.: ABEL-STRUTH 1979, S. 18f.).

Hier und heute sind musikpädagogische Probleme in verschiedenen „Maßstäben" präsent: vom Zweifel über die Richtigkeit der Entscheidung in einer alltäglichen Unterrichtssituation bis zu den großen Begründungsproblemen des allgemeinen Musikunterrichts. (Nicht selten freilich erweisen sich kleinere Probleme des Unterrichtsalltags als Folge von ungelösten solchen Begründungsproblemen.)

Subjektive Betroffenheit und persönliche Sorge sind, entgegen alltäglicher Anschauung, für „Probleme" nicht unbedingt konstitutiv. (Die Chance zu einer dauerhaften Lösung dürfte, im Gegenteil, mit wachsender Distanz und Objektivität zunehmen.)

Denn Probleme sind Bestandteil allen menschlichen Handelns - *Alles Leben ist Problemlösen (POPPER 1995 a)* - und Erkenntnis ist die Voraussetzung für jegliche Praxis:

> *Leben selbst ist ein erkenntnisgewinnender Prozeß. (Konrad Lorenz: RIEDL, S. 11)*

1.2 Erwartung und Erfahrung

Die Erkenntnis von Problemen beginnt insofern nicht mit Wahrnehmungen, als jede Wahrnehmung eine bestimmte „Blickrichtung", ein Vorwissen, eine „Theorie" voraussetzt, aufgrund derer etwas als etwas Bestimmtes festgestellt und erkannt wird.

> *In jede Beobachtung gehen bestimmte Erwartungen ein (WUKETITS 1995, S. 27).*

So wenig wie etwa Musik ohne solche Voraussetzungen zu hören ist, so wenig sind Situationen und Vorgänge in einem konkreten Musikunterricht ohne bestimmte Perspektive angemessen zu erfassen. (Dem entsprechend kann ein- und dasselbe Problem, das im Zusammenhang mit einem bestimmten Musikunterricht auftritt, von verschiedenen Schülern unterschiedlich gesehen werden; von deren Sicht kann jene des Lehrers, eines Beobachters von außen usw. wesentlich abweichen.)

Im weiteren sind nicht nur unsere Erfahrungen durch unsere Erwartungen, sondern auch unsere Erwartungen durch unsere Erfahrungen geprägt. (Siehe SCHERMER, S. 98)

Ob das Wechselspiel zwischen beiden als Zirkel endet (sodaß wir auf einem stagnierenden Niveau verfestigter Erfahrungen und Erwartungen gleichsam „im Kreis gehen") oder nicht, hängt von der Qualität unserer Erfahrungen und von der konsequenten Modifikation unserer Erwartungen (= von unserer lebenspraktischen Lernfähigkeit) ab:

> *Wer annimmt, daß die Notleidenden wie Aschenputtel am Ende die Erfolgreichen werden, sieht Not anders als derjenige, der davon ausgeht, daß am Ende alles sowieso in einem Untergang vernichtet wird. Den einen wird die Not beflügeln, den anderen lähmen. Dies prägt selbstverständlich seine Wahrnehmungsweise. (NITSCHKE, S. 356)*

(Sagt man jemandem den Erfolg – oder Mißerfolg – seiner Handlungen vorher, so kann diese Vorhersage das Ergebnis seiner Handlungen entsprechend beeinflussen. Dieses Phänomen wird in der Sozialwissenschaft *Self-Fulfilling-Prophecy*: *HARTFIEL/HILLMANN, S. 678*, in der Pädagogik *Pygmalion-Effekt*: *BÖHM, S. 559*, genannt.)

Voraussetzung für ein ergiebiges Verhältnis von Erfahrung und Erwartung ist, daß beide in den entscheidenden Gegebenheiten übereinstimmen, speziell

- im Maßstab,

  z.B. kann der Erfolg einer musikalischen Aktivität von kürzerer Dauer mit einer kleinen Gruppe von Schülern im allgemeinen nicht für ein Vielfaches der Dauer und für ein Mehrfaches der Schülerzahl erwartet werden;
- in den äußeren Bedingungen,

  z.B. sind für die Wiedergabe von Musik gewisser Stilrichtungen bestimmte Wiedergabebedingungen (Geräte, Räume) erforderlich, wenn bei der ersten Einbeziehung jener Musik in den Unterricht ein den Erwartungen der Schüler entsprechendes Erlebnis vermittelt werden soll;
- in den beteiligten Personen,

  z.B. kann überzeugender Musikunterricht der Lehrkraft A für die Klasse X nicht in allen wesentlichen Details auf einen künftigen Unterricht der Lehrkraft B für die Klasse Y übertragen werden.

Eine dynamische Sichtweise der Interaktion im Unterricht zeigt,

daß jedes Ereignis oder jede Maßnahme vor dem Hintergrund der gesamten sozialen Situation interpretiert werden muß (...), denn was in der einen Situation oder für den einen Schüler positiv oder neutral sein kann, könnte für andere Schüler oder unter anderen Bedingungen ein sehr unangenehmes Ereignis sein. (Lob z.B. muß nicht immer und für alle positiv wirken;/.../). (PERREZ u.a., S. 406f.)

Für einen Realismus der Erwartungen gibt Hermann HESSE (S. 57) ein anschauliches (Schul-)Beispiel:

Wenn ich zum Beispiel mir jetzt vornähme, ich wolle bewirken, daß unser Herr Pfarrer künftig keine Brille mehr trägt, so geht das nicht. Das ist bloß eine Spielerei. Aber als ich, damals im Herbst, den festen Willen bekam, aus meiner Bank da vorne versetzt zu werden, da ging es ganz gut. Da war plötzlich einer da, der im Alphabet vor mir kam und der bisher krank gewesen war, und weil jemand ihm Platz machen mußte, war natürlich ich der, der es tat, weil eben mein Wille bereit war, sofort die Gelegenheit zu packen.

1.3 Theorie und Praxis

Um sich (realistische) Zwecke praktischen Handelns setzen zu können, muß man zunächst über Theorien möglicher Zweckerfüllung verfügen. (HEID, S. 950)

Für die sinnvolle Unterscheidung und Verbindung von Theorie und Praxis ist dabei zu beachten:

Die Theorie kann den jeweiligen 'Fall' immer nur problematisieren; eindeutige Lösungen hält sie nicht bereit. Sie müssen in und aus der jeweiligen Situation heraus eigenständig gewonnen und gehandhabt werden. (DIETRICH, S. 22)

Musikpädagogische Theorie kann demnach die Praxis des Musikunterrichts (z.B. situationsgebundene Probleme) aufarbeiten oder (deren Lösung) vorbereiten, nicht aber vorweg entscheiden.

Dagegen gehört das alte Vorurteil, Theorie sei synonym mit schriftlicher Fixierung und mit weltfremder Belehrung, Praxis dagegen die Realität des „wirklichen“ Lebens -

Theorie ist, wenn man alles weiß und nichts klappt. Praxis ist, wenn alles funktioniert und keiner weiß, warum (Kalenderspruch, ca. 1991)

- heute selber zu dem, was jenes Vorurteil als „Theorie“ mißversteht.

Qualifizierte Tätigkeit ist an das effiziente Ineinanderwirken von Intuition, Planung, Ausführung und Reflexion gebunden. Ihr Erfolg kann in der komplexen pädagogischen Berufswirklichkeit der Gegenwart durch sinnvolles Zusammenspiel arbeitsteiliger Kräfte gefördert werden:

Die Rolle einer Wissenschaft (...) besteht primär darin, ein Praxisfeld systematisch zu erkunden und dazu vielfältige Informationen anzubieten, während es immer eine schöpferische Leistung des Praktikers bleibt, für das jeweilige Problem geeignetes Wissen auszuwählen und nutzbar zu machen (NOLTING/PAULUS, S. 21).

Darin besteht auch der Unterschied zwischen der Lösung theoretischer Probleme und der Lösung praktischer Probleme:

Als zentrales Kriterium für die Beurteilung von Theorien gilt die Wahrheit von Aussagen; als zentrales Kriterium für die Beurteilung von Praxis gilt die Wirksamkeit von Handlungen. (HEID, S. 949)

Im Interesse eines ergiebigen Verhältnisses zueinander sollten Theorie und Praxis nicht als statisches Gegenüber verstanden werden, sondern als dynamischer Kreislauf bzw. als Spiralbewegung. - In dieser Weise bestimmt auch EBERHARD (S. 16) den *Kreislauf wissenschaftlicher Erkenntnisprozesse* und nennt (ebenda) als dessen Stadien:

Probleme (...) Erkenntnis-Interessen (...) Erkenntnis-Wege (...) Erkenntnis-Angebote (...) Praxis (...) Probleme (...).

1.4 Kategoriale Fragen zur Klärung von bestimmten Problemen

Die Klärung eines Problems - als Vorarbeit zu seiner Lösung - kann über die Beantwortung mehrerer grundlegender Fragen erfolgen:

a) Aus welchen Elementen (Problempunkten) besteht dieses Problem? (= Problemdifferenzierung)

Zum Beispiel birgt das Problem „Wie bringt man Schülerinteressen und Lehrplan in Übereinstimmung?" folgende Problempunkte:

Was ist mit Schülerinteressen im speziellen gemeint?

Welche Rolle können bestimmte Schülerinteressen im Musikunterricht spielen?

Welche Rolle sollen solche Interessen spielen?

Stehen bestimmte Schülerinteressen zum Lehrplan im Widerspruch? (Wenn ja: Worin besteht dieser Widerspruch?)

Sieht der Lehrplan das Einbeziehen von bestimmten Schülerinteressen in den Unterricht vor?

Aus welchen Gründen liegt dem Lehrer daran, Schülerinteressen und Lehrplan aufeinander abzustimmen?

Welche Themen des Unterrichts eignen sich für eine solche Abstimmung?

Welche Methoden, welche Unterrichtsmittel kommen dafür in Frage?

b) Wie sind die entscheidenden Problempunkte miteinander verknüpft?

\- Kein menschliches Problem besteht aus einem einzigen Element. Daher hat jedes solche Problem mehrere Aspekte, und es sind dafür mehrere Lösungen denkbar.

Pädagogische Fragen, Probleme, Aufgaben lassen keine 'eindeutigen' Antworten oder Lösungen zu; sie müssen vielmehr von verschiedenen Seiten und Aspekten aus betrachtet und einer Klärung zugeführt werden. (DIETRICH, S. 258)

c) Was läßt sich an diesem Problem verallgemeinern? (Welches umfassendere Problem verbirgt sich dahinter?)

d) Was an diesem Problem ist früher gleich/anders gewesen?

e) Was davon soll in Zukunft anders sein?

- Individuen können aus ihrer Erfahrung dadurch lernen, daß sie die ihnen wesentlichen Teile daraus zu einem Muster für die unmittelbare Zukunft fügen.

Für die überindividuelle Geschichte und Zukunft gilt ein anderer Maßstab:

> *Man lernt aus der Geschichte, aber heute und jetzt endet die Geschichte. Gegenüber der Zukunft müssen wir eine ganz andere Einstellung haben als die, den Versuch zu machen, aus der Geschichte zu extrapolieren und sozusagen die Geschichtsbahnen weiter in die Zukunft zu verfolgen. (POPPER 1995 a, S. 283)*

So ist auch Pädagogik als praxisorientierte Disziplin nicht auf „Gesetzmäßigkeiten" aus der Vergangenheit reduzierbar, desgleichen nicht auf psychologische oder soziologische Vorgaben. (Gegenteilige Ideologien: Historizismus, Psychologismus, Soziologismus.)

2. Pädagogische Grundbegriffe in musikpädagogischer Hinsicht

2.1 Schule

Allgemeiner Musikunterricht findet in der Regel im Rahmen von Schulen statt. Dadurch korrelieren die Probleme und Chancen jenes Unterrichts mit den Problemen und Chancen dieser Institution.

Eine entsprechende Kenntnis des Rahmens mag demnach der besseren Wahrnehmung jener Probleme und Chancen dienen.

2.1.1 Aspekte der Institution Schule

In der Schule kommen verschiedenen Personen/gruppen verschiedene Aufgaben und Funktionen zu. Diese lassen sich - aus unterschiedlichen theoretischen Perspektiven - einigen generellen Aspekten zuordnen.

Nach BÖHM (S. 613, verkürzt und verändert) ist die Institution Schule durch mehrere *Konzeptionen* zu bestimmen.

Diesen theoretischen Ansätzen entsprechen jeweils:

ein genereller Aspekt der Schule – die dafür konstitutiven Leitbegriffe – die daran beteiligten bzw. davon primär betroffenen Personen – einschlägige Forschungsperspektiven.

Im einzelnen ergibt sich daraus folgende Übersicht:

a) Lehrstätte – Unterricht, Lehren – Lehrer, Schüler – pädagogisch, didaktisch, methodisch
b) Lernort – Unterricht, Lernen – Schüler, Lehrer – pädagogisch, didaktisch, (lern)-psychologisch
c) Lebensraum – Zusammenleben, Sozialisation, Erziehung – Schüler, Lehrer, (Eltern) – soziologisch, pädagogisch, (sozial-) psychologisch
d) Organisation („Anstalt“) – Verwaltung, Erhaltung, Bürokratie – Schulbehörden, Direktion, Sekretariat, Wartungspersonal, Kustodiat/e, Lehrkörper, Schüler – (organisations)soziologisch, verwaltungstechnisch

e) Subsystem der Gesellschaft – Reproduktion der Gesellschaft/ Kultur/Politik – wie 4., Eltern, Öffentlichkeit – soziologisch, politologisch
f) Historisches Produkt – (Schul-, Kultur-, Sozial-, Mentalitäts-, Ideen-) Geschichte – wie oben – historisch.

Einzelne Probleme, welche „die Schule" betreffen, sind miteinander vergleichbar bzw. voneinander verschieden in dem, worin Schulen einander entsprechen bzw. sich voneinander unterscheiden.

Daher ergeben sich Differenzierungen aus

- der Zielrichtung (Allgemeinbildung, Berufsvorbildung; Ausbildung, Weiterbildung)
- den vertretenen Lernstufen (Elementarschulen; Schulen, die darauf aufbauen; Hochschulen...)
- dem „Schulträger" (staatliche, regionale, kommunale, private Schulen; Mischformen)
- den soziokulturellen, ideellen, personellen, ausstattungsmäßigen... Bedingungen einzelner Schulen.

2.1.2 Musik in der Schule

Musik hat im institutionellen Rahmen der Schule prinzipiell an mehreren Stellen Platz:

a) als Unterrichtsgegenstand unter anderen Unterrichtsgegenständen
b) als Unterrichtsinhalt unter anderen Unterrichtsinhalten (z.B. im fächerübergreifenden Unterricht)
c) in Form von speziellen musikalischen Aktivitäten (Chor, Ensemble, Instrumentalunterricht, Produktionen)
d) als zentrales Interessengebiet Jugendlicher
e) als Teil des offiziellen Schullebens
f) als Unterrichtsmedium außerhalb des Musikunterrichts (z.B. im Sport- oder im Fremdsprachenunterricht).

Welchen Platz im Wortsinn Musik in einer bestimmten Schule einnehmen kann, hängt vom Unterrichtsraum ab, den das Schulgebäude bietet:

> *Räumliche Erfahrungen beim Lernen und Lehren sind nicht peripher; sie hinterlassen tief sitzende Spuren. (...) Raum ist auch unter den notwendigen Einschränkungen, denen ein Musikraum als schulische Lernumgebung unterliegen muß, immer ein 'erlebter Raum' (...), der durch seine Vorordnungen und Bewegungsvorgaben, durch seine Lernangebote, durch die Gestaltung von Licht, Farben, Akustik, Mobiliar und Wänden beim Einzelnen Erwartungen auslöst und Stimmungen hervorruft. (E. K. SCHNEIDER, S. 337)*

2.2 Sozialisation

> *Sozialisation bezeichnet den Vorgang, daß einzelne in ihre Gesellschaft hineinwachsen, mit ihren Symbolen und Regeln vertraut werden und lernen, ihre Handlungen daran auszurichten. (BUSCH, S. 528)*

Für den Musikunterricht, der - entgegen älteren Anschauungen - immer schon auf Schüler mit spezifischen musikalischen Erfahrungen positiver wie negativer Art trifft, ist deren musikalische Sozialisation von entsprechender Bedeutung.

> *Zentrales Problem organisierten Musiklernens heutzutage ist es, die unterschiedlichen musikalischen Verhaltensweisen und Erwartungen der Schüler aufzufangen (...) (NOLL a, S. 187).*

Denn von dem, was Schüler an Erwartungen, musikalischen Vorstellungen, Fertigkeiten, Vorurteilen usw. dorthin mitbringen, hängen die ersten Chancen und Gestaltungsmöglichkeiten dieses Unterrichts ab.

Nach DOLLASE/RÜSENBERG/STOLLENWERK (S. 213, vereinfacht und stark verändert) ist für die musikalische Sozialisation eines Menschen folgendes wesentlich:

- Objektive Bedingungen
  Region; (historische) Zeit; Lebensraum; Normen, Werte, Mentalität
- Subjektive Bedingungen
  Lebensalter; Begabung; Ausbildung, Bildung; Persönlichkeit, Geschlecht; Beruf
- Faktoren
  Personen, Institutionen; Medien (im weiteren und im engeren Sinn); Situationen; Investitionen (Zeitaufwand, Geldaufwand)
- Ergebnis
  Musikgebrauch, bevorzugte Funktionen der Musik; Hörgewohnheiten, Erlebnisweisen der Musik; Musikvorlieben („-präferenzen"); Bewertung von Musik(arten); musikalische Produktivität; Denken über Musik.

RÖSING (1995, S. 356ff.) referiert dazu aus der einschlägigen Forschung unter anderem folgende Ergebnisse:

> *Neuere Untersuchungen machen deutlich, daß die musikalische Sozialisation bereits vor der Geburt beginnt. (...)*
> *Primäre Sozialisation findet bei uns üblicherweise in der Familie statt. (...)*
> *Häusliche Gegebenheiten prägen die Intensität und Dauer musikbezogenen Handelns von Kindern (...)*
> *Spätestens mit der Pubertät beginnt (...) eine verstärkte Peergruppen-Orientierung. Peers konstituieren sich überwiegend aus dem Freundeskreis und/oder dem Kreis der Klassenkameraden. (...)*
> *Die Vorliebe für viele Musikstile nimmt meist mit dem Ausbildungsniveau zu (...)*
> *Wenn auch die traditionellen klassen- und schichtorientierten Modelle sozialer Strukturen angesichts der Wandlungen in der postindustriellen Gesellschaft nur noch bedingt greifen (...), so weisen doch die meisten Untersuchungen zur musikalischen Sozialisation übereinstimmend darauf hin, daß der soziale Status (auch als Klassen- oder Schichtzugehörigkeit bezeichnet) als die wohl wichtigste unabhängige Variable im Sozialisationsprozeß zu gelten hat (...) Präferenzen für Minderheitensparten (...) sind vornehmlich den Gruppen mit höherem Sozialsta-*

tus zugeordnet (...), volkstümliche Musik und Popmusik den Gruppen mit niedrigem Sozialstatus. (...)
Jede Art von Musiksozialisation vollzieht sich in einer bestimmten historischen Zeit. (...)
Der Zeiteffekt wird vom Generationseffekt überlagert. Musikalische Erlebens- und Verhaltensweisen sind geprägt durch die Moden, Idole, Stars und Hits, die eine Altersgruppe (...) innerhalb bestimmter Lebensphasen als Zeiteffekt erfahren hat. Dabei scheinen, wie Längsschnittuntersuchungen (...) über längere Zeiträume hinweg nahelegen, die zentralen Eindrücke für musikalische Sozialisation im Alter zwischen 12 und 25 Jahren zu liegen.

Grenzen der Sozialisation (Antworten auf die Frage: Wann endet das Hineinwachsen des Individuums in die Kultur, die es umgibt?) sind dort schwerer auszumachen, wo, wie heute, Kultur in ihren Formen und Phänomenen sich rasch wandelt.

Im übrigen wird der Prozeß der Sozialisation des einzelnen Menschen durch seine Reifung sowie durch die Festigung seiner kulturellen Gewohnheiten in der Wirksamkeit nach und nach verringert bzw. wird das Ergebnis in Einzelheiten wieder relativiert.

2.3 Bildung

Bildung im weiteren Sinn (englisch „education") ist das Grundwort für Wortbildungen wie Ausbildung, Schulbildung usw.

Im engeren Sinn bezeichnet das deutsche Wort „Bildung" die persönliche Herausforderung und „innere" Bereicherung, welche systematisches Lernen dem einzelnen Menschen in der Summe bereiten kann.

Insofern der heranwachsende Mensch nicht bloß passiv in die ihn umgebende Kultur hineinversetzt wird, sondern sich durch eigenes Agieren und Reagieren nach und nach in diese Kultur integriert (*Bilden ist sich bilden*: *VON HENTIG 1996, S. 39*), ist es sinnvoll, seine entsprechenden Aktivitäten als Gegenspieler zu den „Kräften" der Sozialisation zu deuten.

Die ordnende, sinngebende Auseinandersetzung des Menschen mit seiner Umwelt wird auf psychologischer Ebene „Konstruktivismus" genannt. (Siehe KLEINEN, S. 41; G. ROTH, S. 278ff.)

Im deutschen Sprachraum ist für die pädagogische Seite dessen seit dem 18. Jahrhundert der Begriff „Bildung" gebräuchlich. (Siehe BÖHM, S. 99)

Wilhelm von Humboldt (1767-1835) hat den Bildungsbegriff für die Moderne näher bestimmt und fruchtbar gemacht. (...) Danach liegt (...) der Aufbau (...) einer aufgeklärten (...) Gesellschaft erstens in der Bildung des Individuums (...)
Dem Individuum wird also eine Kraft zugestanden, die es aber überhaupt erst in der Auseinandersetzung mit der Welt, also den kulturellen und sozialen Institutionen gewinnt. Das Individuum bedarf also der Welt, um der Entfaltung seiner Kräfte willen, und die Welt bedarf des Individuums und seines Handelns, um überhaupt kulturelle und gesellschaftliche Welt zu sein. (KRON b, S. 71)

Ein solches Verhältnis zwischen „dem" Menschen und „der" Welt bedarf der sinnvollen Einschränkung und Präzisierung:

Der Mensch kann (...) nicht mit der gesamten Welt in Wechselwirkung treten. Er trifft immer nur auf Teilbereiche. Für den Bildungsprozeß kommt es deshalb darauf an, solche Weltbezüge zu finden und auszuwählen, die geeignet sind, in sich so weit wie möglich die Gesamtheit der Welt zu repräsentieren und zugleich möglichst vielfältige Kräfte im Menschen selbst anzuregen. (LASSAHN, S. 25)

Die zentralen Fragen zur Bestimmung von Unterrichtsinhalten gemäß dieser Tradition (im 20. Jahrhundert „Bildungstheoretische Didaktik" genannt) hat Wolfgang Klafki 1962 gestellt - unter anderem:

I. Welchen größeren bzw. welchen allgemeinen Sinn- oder Sachzusammenhang vertritt und erschließt dieser Inhalt? Welches Urphänomen oder Grundprinzip, welches Gesetz, Kriterium, Problem, welche Methode, Technik oder Haltung läßt sich in der Auseinandersetzung mit ihm 'exemplarisch' erfassen?

II. Welche Bedeutung hat der betreffende Inhalt bzw. die an diesem Thema zu gewinnende Erfahrung, Erkenntnis, Fähigkeit oder Fertig-

keit bereits im geistigen Leben der Kinder einer Klasse, welche Bedeutung sollte er (...) darin haben?
III. Worin liegt die Bedeutung des Themas für die Zukunft der Kinder?

(Zitat: MEYER 1980, S. 117)

Der Bildungsbegriff ist, wohl wegen seines „idealistischen", der empirischen Überprüfung schwer zugänglichen Anspruches umstritten. (Siehe KRON b, S. 76)

Dafür, ihn dennoch zu verwenden, argumentiert ADL-AMINI (S. 31):

Das Mannigfaltige, das Kinder in fünfzehntausend und mehr Stunden in den verschiedenen Fächern lernen (...), würde insgesamt keinen Sinn haben, wenn es nicht durch eine Einheit stiftende Zielvorstellung zusammengehalten würde. (...) Diese höchste Zielvorstellung hat man unterschiedlich benannt, etwa: Bildung, Mündigkeit, Emanzipation, Selbstbestimmung, Handlungsfähigkeit (...) Im Schulalltag wird diese erste Ebene der Didaktik wohl nicht permanent problematisiert werden können; dennoch agiert man stets innerhalb dieser Ebene. Man kann die unterschiedlichen Erscheinungsformen dieser didaktischen Ebene mit triftigen Gründen zurückweisen, wie die Abrechnungen mit dem Bildungsbegriff das belegen, trotzdem wird man um einen Ersatzbegriff nicht umhinkommen.

2.4 Allgemeinbildung

2.4.1 Zum Begriff der Allgemeinbildung

In den einschlägigen Wortverbindungen gewinnt der weitere Bildungsbegriff an Kontur.

Hier ist zunächst zwischen „Ausbildung" und „Allgemeinbildung" zu unterscheiden.

Ausbildung: Erwerb punktueller, unmittelbar anwendbarer und überprüfbarer Qualifikation (z.B. in einer Fahrschule, in einer Berufslehre usw.)

Allgemeinbildung:

Mit den Begriffen 'Allgemeinbildung' und 'allgemeine Bildung' (bzw. den fremdsprachlichen Äquivalenten) werden zuerst in den Kulturen des Abendlandes, dann zunehmend weltweit alle Anstrengungen einer Gesellschaft, Kultur oder Nation zusammenfassend bezeichnet, die sich darauf richten, durch gesellschaftliche Institutionen in der heranwachsenden Generation diejenigen Kenntnisse und Fähigkeiten, Einstellungen und Haltungen zu verbreiten, deren Beherrschung historisch jeweils als notwendig und unentbehrlich gilt. (TENORTH, S. 7)

Daß Ausbildung und Allgemeinbildung nicht strikt voneinander zu trennen sind, zeigt z.B. die Bandbreite dessen, was Instrumentalunterricht alles vermitteln kann: vom technisch-handwerklichen Training bis zur musikalischen Expertenschaft in Theorie und Praxis, welche anhand eines Musikinstruments erworben wurde.

2.4.2 Zur Begründung von Allgemeinbildung

Im wesentlichen ist die Tradition der abendländischen Allgemeinbildung, konkretisiert im *Lehrplan des Abendlandes* (*DOLCH*), im antiken Griechenland begründet worden.

Für die musikpädagogische Argumentation im XIX. und 20. Jahrhundert sind dabei die allerersten attischen „Lehrpläne" von Interesse:

*Die Anfänge der Didaktik muß man (...) in der griechischen Antike sehen. (...) Sie galt den Inhalten der 'musischen' Erziehung damals, die bis zum Auftreten der Sophisten (*im 5. Jahrhundert v. Chr., A. L.*) nicht in Frage gestellt wurden: 'Gymnastik' mit den Disziplinen Laufen, Springen, Ringen, Boxen, Diskus- und Speerwerfen der Physis; Musik als Gesang, Tanz und Instrumentalmusik der Psyche. (ASCHERSLEBEN 1983, S. 11)*

Die späteren alten Formen der Allgemeinbildung verdienen wegen der traditionellen Zielgruppe Erwähnung:

Der Adressat der traditionalen Allgemeinbildung ist in der griechischen Antike, mehr noch im Hellenismus der künftige Bürger, die herrschende gesellschaftliche Elite, daneben auch (...) der spätere Gelehrte. (...) 'Allgemeinheit' im Sinne einer Universalität des Adressaten ist in der Vormoderne für Bildungsprozesse weder gesellschaftlich noch kulturell erforderlich.

Noch im Mittelalter zeigt die Gesellschaft eine eindeutige Zweiteilung in eine orale und eine schriftlich kommunizierende Kultur (...) Seit der Renaissance ist dann aber die Kultur der Eliten immer auch eine Kultur der Literalität und die Sozialgeschichte der Gebildeten ist immer auch eingebunden in die gesellschaftlich folgenreiche, hierarchische Differenzierung von Eliten und Massen. Dieser Unterschied bleibt seither auch eine Konstante der neuzeitlichen Bildungsgeschichte bis ins 20. Jahrhundert. (TENORTH, S. 30)

Heute läßt sich Allgemeinbildung zweifach begründen:

- quantitativ als jene Bildung, die über die elementare Bildung hinaus prinzipiell allen heranwachsenden Mitgliedern einer Gesellschaft zukommen soll;
- qualitativ als jene Bildung, die zusätzlich zu bestimmten punktuellen Fertigkeiten (z.B. zum Fremdsprachengebrauch) exemplarische Einblicke in die Welt vermitteln soll.

Im Begriff der allgemeinen Bildung wird als gesellschaftliche Aufgabe fixiert, daß unsere Kultur im Wechsel der Generationen die für sie unentbehrlichen Kompetenzstrukturen - sowohl kognitiver wie moralischer, praktischer wie ästhetischer Natur - universalisieren und reproduzieren muß, wenn sie ihr Funktionieren nicht stören, sondern (bei aller Varianz in den Erscheinungsformen, die diese Funktion annimmt) sichern und steigern will. (TENORTH, S. 100f.)

Komplementär zur subjektiven Begründung von „Bildung“ als Stärkung des Individuums in „seiner“ Welt erscheint demnach Allgemeinbildung als Einstieg des Individuums in die überindividuelle Auseinandersetzung mit der „objektiven“ Welt.

2.4.3 Zur Kritik der Allgemeinbildung

Die kritische Auseinandersetzung mit der Idee und mit dem Inhalt der Allgemeinbildung ist Bestandteil der bildungstheoretischen und -politischen Debatte seit ihren antiken Anfängen.

Aktuelle Punkte dieser Auseinandersetzung sind, im Anschluß an TENORTH, unter anderem

a) die Diskrepanz zwischen wissenschaftlichem Fortschritt und dem Ideal universaler Bildung
b) das kulturelle Auseinanderdriften der pluralistischen Gesellschaft
c) die Unvereinbarkeit moderner Fachkompetenz und unspezifischer Weltdeutung
d) die Erwartung, daß ein an einer konkreten Sache erzielter Lerneffekt sich auf andere Bereiche übertragen lasse („Transfer")
e) die Überschätzung der Allgemeinbildung
f) die Unterschätzung der Allgemeinbildung.

Zu a)
Die Integration diverser Fachwissenschaften war schon ab dem 5. Jahrhundert vor (!) Christus zum Problem geworden:

> *Der Fortschritt in diesen Wissenschaften selbst führte damals (...) zu einer sofortigen Vermehrung des Unterrichtsstoffes, und es trat eine Aufschwemmung und Aufblähung ein, die schon seinerzeit (...) den Vorwurf der Viellernerei, Vielwisserei, hervorrief. (DOLCH, S. 26)*

Als Ergebnis der wissenschaftlichen Entwicklung seit ca. 1800 n. Chr. hält TENORTH (S. 29) fest,

> *daß man angesichts des kontinuierlich und unstetig verlaufenden Prozesses der Wissensproduktion und -erneuerung nicht nur von der Idee einer abschließbaren Enzyklopädie, sondern auch von der Absicht einer statischen Ordnung und/oder Klassifikation des Wissens Abschied nehmen mußte. (...) Spezialisierung wird unhintergehbar, die Möglichkeiten der Orientierung werden systematisch knapp, und zwar für Laien und Experten gleichermaßen. 'Allgemeine Bildung' kann dann nicht mehr darin bestehen, das verfügbare Wissen anzueignen, zur Aufgabe wird es vielmehr, gegenüber der Vielfalt und Dynamik des Wissens Kriterien der Nutzung und Auswahl zu finden, die den Menschen angesichts der Wissensflut dennoch selbständig handlungsfähig machen.*

Zu b)

Das kulturelle Auseinanderdriften der pluralistischen Gesellschaft betrifft den allgemeinen Musikunterricht besonders:

> *Die Gestalten des Kanons, des klassischen, des anerkannten Stils in Kunst oder Musik, in der Lebensweise oder in öffentlicher Repräsentanz lösen sich in der Pluralität auf oder, und wahrscheinlich präziser gesagt: Pluralität wird der Stil, in dem sich Verbindlichkeit neu konkretisiert. (TENORTH, S. 127)*

Allgemeinbildung wäre demnach ein gemeinsamer Nenner dieser Pluralität, darüber hinaus ein kulturelles Gegenmittel gegen den möglichen Zerfall der offenen Gesellschaft in hermetische, intransingente Teilgesellschaften.

> *In einer Gesellschaft, in der der einzelne komplexe, sich unvorhersehbar entwickelnde Situationen verstehen können muß, in der jeder mit zahlreichen Informationen unterschiedlichster Art überflutet wird, besteht die Gefahr der Aufspaltung in diejenigen, die zu deuten verstehen, diejenigen, die lediglich benutzen können, und diejenigen, die weder zu dem einen noch zu dem anderen in der Lage sind. Anders ausgedrückt: in Wissende und Unwissende. Der Ausbau der Allgemeinbildung, d.h. der Fähigkeit, die Bedeutung der Dinge zu erfassen, zu verstehen und kreativ zu sein, ist die Grundfunktion der Schule (EUROPÄISCHE KOMMISSION, S. 7).*

Zu c)

Dem naheliegenden Einwand, der Anspruch der Allgemeinbildung sei zu vage und ihr Ergebnis zu unbestimmt - *Es gibt (...) keine wie auch immer zusammengestellte Allgemeinbildung ohne Schwindel. (MATTENKLOTT, S. 1078)* - läßt sich entgegnen:

Jede Bewältigung von bestimmten Problemen dieser Welt bedarf spezifischer Qualifikationen; Allgemeinbildung hätte in ihrer Summe den gemeinsamen Horizont solcher Probleme zu erhellen, auf daß die Qualität der Bewältigung jener Probleme durch die damit befaßten Personen zunehme.

Zu d)

Transfer-Erwartungen sind nur für bestimmte Bedingungen realistisch, und zwar

> *in Abhängigkeit von den Lernvoraussetzungen der Subjekte und ihrer Berücksichtigung im Unterricht sowie von der Struktur der pädagogischen Arbeit selbst (...) bedeutsam für den Transfer scheint dann nicht so sehr das 'Fach' im ganzen, sondern eher die spezifische 'Aufgabe', d.h. die Art und Weise, wie ein Lernthema und -problem präsentiert wird (TENORTH, S. 112).*

Der Transfer z.B. eines gelernten Prinzips gelingt

> *nur, wenn die Tatsachen bzw. Probleme in der primären Lernsituation und in der sekundären Anwendungssituation nicht zu sehr voneinander abweichen. (STEINDORF, S. 69)*

Generell gilt:

> *Transfer kommt nicht von selbst zustande. Die zu übertragenden Prinzipien müssen eigens herausgearbeitet werden. Selbst das eigenständige Entdecken von Regeln und Gesetzen ist unzureichend; es muß die Anwendung auf konkrete Fälle ausdrücklich geübt werden. (Ebenda, S. 71)*

Plausibel ist demnach z.B. die Erwartung, daß Übungen im Kontrapunkt die entsprechende Wahrnehmung mehrstimmig komponierter Musik fördern oder daß vokale Schulung den Sinn für die Stilisierung des Gesanges in instrumentaler Musik schärfen kann.

Dagegen ist z.B. die Anschauung, das musikalische Zusammenspiel fördere die zwischenmenschliche Moral der Beteiligten über die gemeinsame Bewältigung entsprechender Aufgaben hinaus, im allgemeinen nicht verifizierbar (siehe 1.6). (Jene Anschauung – *Die ästhetische Bildung des Individuums soll der Humanisierung der Gesellschaft den Weg bereiten: HENCKMANN/LOTTER, S. 169* – entstammt der Tradition des deutschen Idealismus nach Friedrich Schiller, 1759-1805.)

Zu e)
Die Überbewertung der Allgemeinbildung als Statussymbol jenes Standes, der sie „besitzt" und definiert, findet ihr Mittel und ihre Fortsetzung in der Abwertung von Kompetenzbereichen außerhalb ihres Kanons. Dem fielen bis ins 20. Jahrhundert selbst hochentwickelte Kenntnisse und Fertigkeiten aus Gewerbe, Technik, Naturwissenschaft und Wirtschaft zum Opfer (vgl. FERTIG, S. 331).

Diese Ignoranz hat ihr Pendant in dem (schon an den antiken Sophisten beklagten) Ideal der universalen Redseligkeit allgemeingebildeter Leute, das sich zum Furchtbild von der *Diktatur der 'talking classes'* verdichtet, *die in den politischen Debatten meinungsführend sind, ohne tatsächlich eine Meinung zu haben (HEIDBRINK, S. 985).*

Wilfried Gruhn ortet dieses Problem bei der *Frage (...) nach dem eigentlichen Gegenstand des Faches (GRUHN 1996, S. 34):*

> *Ein zu hoher interpretatorischer (...) Ansatz im (...) Musikunterricht droht Musik zu verfehlen, weil sich Schüler dann leicht in der Rolle europäischer Besucher befinden, die ein japanisches Kabuki-Theater besuchen und sich an den farbenprächtigen Kostümen und wilden akrobatischen Aktionen, an der Fremdheit der Töne und Melodien, die von Zeit zu Zeit hinzutreten, erfreuen. Man kann dann über seine Empfindungen und Eindrücke sprechen, über Farben und Bewegungen, aber ohne irgendeine Ahnung davon zu haben, was das betreffende Stück, das man ansieht, darstellt und bedeutet. (...) Man kann sich einer Sache durchaus erfreuen, ohne sie zu verstehen, aber das rechtfertigt noch keinen allgemeinbildenden Unterricht. (Ebenda, S. 34f.)*

Zu f)
Angehängte Fehlwertungen, inhaltliche Überfrachtung und Fehlgewichtungen, überhöhte Erwartungen und mangelnde Einklagbarkeit ihres Ergebnisses - all das berechtigt zur Skepsis gegenüber dem Anspruch, den der Begriff „Allgemeinbildung" suggeriert.

Berechtigt es auch zur Skepsis gegenüber der kulturellen Institution „Allgemeinbildung" selbst?

TENORTH (S. 23) faßt die Bedingtheit und Unbedingtheit der Allgemeinbildung in ein „Paradoxon":

Allgemeinbildung ist für das Fortleben von Gesellschaft und Kultur wie für die Handlungsfähigkeit von Subjekten notwendig, aber ihre konkrete Gestalt ist historisch-gesellschaftlich beliebig geworden, arbiträr, d.h. immer auch anders möglich.

Er relativiert diese Formulierung allerdings mit der Feststellung,

daß das Gefüge der Lernbereiche, das der Kanon des Abendlandes festhält, und der Zusammenhang ihrer Thematisierungs-Formen trotz aller historischen Variation identisch gehalten wird - sogar über die abendländische Kultur hinaus, wie ein Blick auf China oder Japan zeigen könnte (TENORTH, S. 135f.).

Jenes „Paradoxon" ist anthropologisch erklärbar. Denn die natürliche Ausstattung des Menschen läßt auf ihrer Basis eine Bandbreite kultureller Entfaltungsmöglichkeiten offen:

Nur die Anfangsbedingungen der kulturellen Entwicklung sind durch die biologische Evolution definiert, der spezifische Verlauf der kulturellen Entwicklung ist aber biologisch nicht festgelegt. (WUKETITS 1991, S. 143)

– Er ist jedoch kulturelle Realität (siehe 3.3).

2.4.4 Allgemeinbildung und Unterricht

Entgegen diversen Vorbehalten gegenüber Allgemeinbildung erscheint es für allgemeinbildenden Unterricht (dem prinzipiell auch der allgemeine Musikunterricht zuzurechnen ist) jedenfalls sinnvoll,

- den Schülern ausgewählte Ausschnitte der Welt in theoretisch und praktisch zulänglicher Weise nach und nach zu erschließen („Multum, non multa")
- die Schüler durch die Bewältigung dessen in ihren objektiven Fähigkeiten zu fördern und in ihrem Selbstvertrauen zu stärken *(Die Menschen stärken, die Sachen klären: VON HENTIG 1985)*
- Bedingtheit und Grenzen individueller Allgemeinbildung anzuerkennen
- ein ermutigendes Verhältnis von Problembewußtsein und Lösungskompetenz sowie

- ein im Detail verbindliches Zusammenspiel von Interdisziplinarität (Bewußtsein für die Vernetzung der Welt) und der *Bereichsspezifität von Wissensstrukturen (OERTER, S. 261)*

  anzustreben.

GLÖCKEL (S. 246) bietet für den Unterricht zwischen Fächerung und Vernetzung eine *Synthese (...) in einer dreistufigen Konzeption* an:

> *Vorfachlicher Unterricht der Grundschule (...)*
> *Fachlicher Unterricht der höheren Jahrgangs- und Schulstufen macht planmäßig mit den Gegenstandsbereichen, Methoden und Aspekten bekannt (...)*
> *Überfachlicher Unterricht (...) ergänzt den Sachunterricht und läßt an lebensbedeutsamen thematischen Einheiten die Grenzen fachlicher Einzelaspekte und die Notwendigkeit ihrer Zusammenschau deutlich werden.*

2.4.5 Inhalte musikalischer Allgemeinbildung

Als realistische Inhalte musikalischer Allgemeinbildung sind verifizierbar:

a) Musikalische Praxis (siehe 4.4) in bestimmtem Ausmaß (siehe 3.1.4: Zu c)
b) Sachkenntnis (und deren punktuelle Anwendung) betreffend Musik und ihre Thematik (siehe 4.3)
c) Musikalische Intelligenz in Verständnis und Gestaltung
d) Andere ästhetisch relevante Fähigkeiten (betreffend Wahrnehmung und Vorstellung, Ausdrucksvermögen, Symbolgebrauch, ...)
e) Sekundäreffekte (in den Bereichen Kommunikation, Kooperation, Organisation ...).

Dabei kann Musik als integraler Teil eines weiteren ästhetischen Feldes, dem ihr verschwisterte Künste (Tanz, Theater, Sprachgestaltung, Videokünste etc.) zugehören, aufgefaßt bzw. als vielfach vernetztes Phänomen menschlicher Kultuer verstanden werden.

2.5 Lernen

Zu keiner Zeit haben wir über das Lernen so viel gewußt wie in der Gegenwart (STEINDORF, S. 50) - umso weniger ist jenes weite Phänomenfeld in Kürze auch nur annähernd zu umreißen.

Daher soll im folgenden an zwei für den Musikunterricht relevanten Punkten die Weite jenes Feldes (und damit auch die Spannweite zwischen Psychologie und Pädagogik) angedeutet werden.

***

Lernen ist eine Handlungsweise aller Lebewesen (ebenda) - pädagogisches Lernen dagegen gewissermaßen eine Sonderform des psychologischen Lernens:

> *Psychologisch betrachtet ist Lernen in einem sehr weiten Sinn ein Anpassungsprozeß an eine sich ständig verändernde Umwelt. So gesehen können auch Tiere lernen. Das menschliche Lernen unterscheidet sich aber vom tierischen, sofern Probleme auf der Symbolebene gelöst werden können. (BÖHM, S. 442)*
> *Pädagogisch gesehen bedeutet Lernen die Verbesserung oder den Neuerwerb von Verhaltens- und Leistungsformen und ihren Inhalten. (Heinrich Roth: KRON a, S. 244)*

2.5.1 Antriebsmomente des Lernens

> *Sich mit Motivation zu beschäftigen, heißt nach dem Warum menschlichen Handelns zu fragen. Zahlreiche andere Benennungen tauchen auf, wenn von den Beweggründen gesprochen wird, beispielsweise Begriffe wie Streben, Begehren, Wünschen, Hoffen, Sehnen, Sucht, Antrieb, Drang, Interesse, Bedürfnis (...) (DE LA MOTTE-HABER 1987, S. 275).*

So ist auch

> *'Lernmotivation' ein Sammelbegriff für unterschiedlichste Motivationen, die 'hinter' dem Lernverhalten wirksam sind. Im Prinzip sind es*

keine anderen als die, die auch sonst das Verhalten mitbestimmen. (NOLTING/PAULUS, S. 154)

Rainer FUCHS (S. 11-40) stellt für das Lernen (im psychologischen Sinn) mehrere ererbte, während der Kindheit ausgeprägte *Grundbedürfnisse des Menschen als Wirkfaktoren des Lernens* vor:

a) *Explorations- und Funktionsbedürfnisse* (Erkunden und Erproben)
b) *Konstruktions- und Kreationsbedürfnisse* (Anordnen/Gestalten/Erfinden)
c) *Leistungsüberlegenheits- und Wetteiferbedürfnisse* (Wettbewerb)
d) *Macht- und Statusbedürfnisse* (Hierarchie)
e) *Bewegungsbedürfnisse*
f) *Kommunikationsbedürfnisse und Ausdrucksantriebe*
g) *Solidarisierungs- und Gruppenrivalitätsbedürfnisse* (Gruppenbindung und Gruppenkonkurrenz)
h) *Aggressionsbedürfnisse* sowie deren *Gegenspieler* (*Liebe/.../Tötungshemmung und Mitleid – S. 37*).

Von diesen Voraussetzungen menschlichen Lernens sind einige für die Musik, für die Musikausübung und für den Musikunterricht von besonderer Bedeutung. - Die ersten drei sollen daher nach Fuchs kurz charakterisiert werden:

a) Erkunden und Erproben, beginnend *mit dem Ergreifen und Zum-Munde-Führen von gesehenen Dingen* im *Alter von 2-5 Monaten (S. 11).* Sinn dessen:
   - Befriedigung von Spieltrieb, Funktionslust und Neugier
   - funktionelle Erfolgserlebnisse im Sehen (Wiedererkennen desselben Gegenstandes: Erlebnis der *Dingkonstanz - S. 14*); im Begreifen; in der Steuerung von Bewegungen, speziell der Hand (als Grundlage späterer „Hand"lungen).

   Pädagogisch bemerkenswert daran:

Die Informationsübertragung im Neugierverhalten ist unabhängig vom (...) Bedarf des Augenblicks (S. 16).
Durch das *Erlernen der den Dingen anhaftenden Eigenschaften unabhängig vom augenblicklichen physiologischen Zustand und Bedarf des Organismus wirkt das Neugierverhalten objektivierend in des Wortes buchstäblicher und gewichtigster Bedeutung. (S. 17)*

b) Anordnen/Gestalten/Erfinden

- als *Phantasiespiele (S. 27):* Vorwegnahme der Wirklichkeit durch ein Vorspielen bzw. Nachspielen
- als *Konstruktionsspiele (ebenda):* Zusammenfügen von Elementen aus dem selben Material bzw. aus unterschiedlichen Materialien

c) Wettbewerb
Die Entwicklung des Leistungs- und Wetteiferbedürfnisses ist gekoppelt an das Erlernen der intellektuellen Grundlagen des Leistungsvergleichs. (S. 28)

Gestiftet wird dieses Bedürfnis *durch Einfluß imponierender Vorbilder und durch soziale Erfolgsbelohnung (S. 29).*

Die musikalische und musikpädagogische Verbindlichkeit dieser Grundbedürfnisse ist offenkundig; daher wird sie hier nicht weiter erläutert.

Nach AEBLI (S. 141ff.) sind etwa folgende Grundmotive pädagogisch relevant:

- *Hoffen auf Erfolg* und *Furcht vor Mißerfolg (S. 142)*
- Akzeptanz und Anerkennung
- Zugehörigkeit (zu Gleichaltrigen); „Affiliation" (Anschluß an Ältere/Vorbilder)
- Beachtung und Geltung
- Hilfsbereitschaft; Normen, Gewissen
- Selbständigkeit, Autonomie, Freiheit
- Initiative, Selbststeuerung
- Leistung
- Orientierung (Verstehen und Ordnung).

2.5.2 Inhalte des Lernens

Der Alltagsgebrauch des Lernbegriffs orientiert sich (...) weitgehend an den Inhalten, die gelernt werden: Wissen, Fertigkeiten, Einstellungen etc. (SCHERMER, S. 9).

In Übereinstimmung damit stellt TENORTH (S. 115) fest,

daß man das Lernen nur an Inhalten lernen kann, daß Kompetenzen, Fähigkeiten und Fertigkeiten nicht für sich, abgelöst von Themen und Problemen zu erwerben (und gar zu lehren!) sind, sondern nur an konkreten Aufgaben.

GLÖCKEL (S. 176ff.) gibt eine detailreiche, aus der unterrichtspraktischen Vielfalt gewonnene Übersicht über Inhalte schulischen Lernens. Was er dabei als *Methodische Grundstrukturen (...) von Unterrichtseinheiten* zusammenfaßt, ist im folgenden teilweise verändert und auf Grundbegriffe reduziert:

Gegenstand	**Tätigkeit**
1. Fertigkeiten (Details)	beherrschen
2. Begriffe, Daten, Texte	zuordnen wiedergeben
3. Regeln, Gesetzmäßigkeiten, Strukturen	kennen verstehen anwenden
4. Handlungen, Handlungsfolgen	ausführen
5. Symbolische Prozesse (z.B. Musikstücke) Ästhetische, ethische, andere Werte	mitvollziehen erkennen anerkennen
6. Fertigkeiten	üben neu anwenden
7. Detailprobleme	erkennen lösen
8. Interpretationsbedürftige Zeugnisse (Landkarten, Texte, Kunstwerke)	analysieren interpretieren kritisieren
9. Argumente, Themen, Standpunkte	sich damit auseinandersetzen

10. Ästhetische Prozesse/Produkte	hervorbringen gestalten
11. Spiel, Rolle	spielen gestalten reflektieren
12. Größere Arbeitsvorhaben (Projekte)	planen durchführen.

Im wesentlichen lassen sich die fachspezifischen Inhalte des Musikunterrichts diesen allgemeinen Inhalten des schulischen Lernens zuordnen; diese Zuordnung kann als sachanalytische Grundlage für die konkrete Planung allgemeinen Musikunterrichts Verwendung finden.

2.6 Erziehung

Erziehung im weiteren Sinne ist soziales Handeln, mit dem man das Erlernen der kulturellen Lebensweise anleitet und unterstützt (...) Erziehung im engeren Sinne ist das soziale Handeln, das auf den Aufbau von Werthaltungen und die Entwicklung moralischer Handlungsfähigkeit gerichtet ist (EINSIEDLER, S. 653).

Überprüfbare Bezüge zwischen Werten/Werthaltungen und Musik sind für den Musikunterricht mehrfach vorhanden bzw. herstellbar. Sie betreffen

- die Sache Musik selber, z.B. in Form hoher allgemeiner Wertschätzung:
  Die Frage, ob der Satz 'Ich kann mir ein Leben ohne Musik nicht vorstellen' zutreffe, wird von 68 Prozent der 15-70jährigen positiv beantwortet. (BLAUKOPF, S. 218 – über eine Untersuchung der Schweizerischen Radio- und Fernsehgesellschaft 1979*)*
  (Diese breite Zustimmung gilt allerdings nicht einheitlich für eine bestimmte Musik oder für ein bestimmtes musikalisches Verhalten.)
- die Vielfalt der aktuellen Musikkultur (siehe 3.3)
- Inhalte des Unterrichts, z.B. Musik als professionelles Kunstprodukt
- die beteiligten Personen

- Art und Ergebnis des Unterrichts
- die Verankerung des Musikunterrichts im schulischen Fächerkanon.

Entgegen älteren, der Antike entstammenden Vorstellungen vom feststehenden moralischen Wert bestimmter Musik und von ihrer direkten erzieherischen Wirksamkeit („Gute" Musik - „bessere" Menschen) verdienen zwei Aspekte der Erziehung für die Musikpädagogik besondere Beachtung:

> *Erziehung ist (...) eingebunden in einen umfassenden historisch-gesellschaftlichen Kontext, der Wandlungsprozessen unterliegt. 'Die' Erziehung gibt es nicht. (...)*
> *Erziehung erfolgt in Auseinandersetzung mit Inhalten, Gegenständen, Themen etc. (GUDJONS, S. 78).*

Jener frühere Kurzschluß zwischen Musik und Erziehung - im Begriff der „Musikerziehung" bis heute präsent (zur Begriffsgeschichte: ABEL-STRUTH 1970, S. 14ff.) - unterstellt dagegen einen unmittelbaren Wirkungszusammenhang zwischen der symbolischen Realität der Musik und dem Erziehungsergebnis des Musikunterrichts. Die darauf gegründeten

> *historischen Konzepte gehen allesamt von der institutionalisierten erzieherischen Beeinflussung der Persönlichkeitsentwicklung durch eine selektiv verordnete Musik aus. (RÖSING/PHLEPS, S. 375)*

Die „klassische" Formulierung dafür stammt von Platon (427 - 347 v. Chr.):

> *Ist nun (...) die Erziehung durch Musik nicht darum von größter Bedeutung, weil Rhythmus und Tonart am meisten in das Innere der Seele eindringen und sie am stärksten ergreifen, indem sie edle Haltung mit sich bringen und den Menschen edel machen, wenn er richtig erzogen wird, wenn nicht, das Gegenteil? Und nicht anderseits auch darum, weil, wer die richtige musikalische Erziehung genossen hat, auch am schärfsten das Mangelhafte und Unschöne an Werken der Kunst oder der Natur bemerkt und in gerechtem Unmut darüber sein Lob nur dem Schönen zuwendet, an ihm seine Freude hat, es in seine Seele aufnehmen und daraus seine Nahrung ziehen und dadurch gut und edel werden wird, das Häßliche dagegen tadeln wird, wie es sich gehört, und es*

hassen wird von jung auf, noch ehe sein Verstand reif genug ist, die Gründe dafür zu begreifen? (Zitat: ABEL-STRUTH 1979, S. 17. - Kommentar dazu: G. ENGEL, S. 109f.*)*

Noch im fortgeschrittenen 20. Jahrhundert ist die *These vom erzieherischen Auftrag des Musikunterrichts (NOLTE)* vehement verfochten worden - trotz ihrer prinzipiellen Problematik, die sich aus der Vermischung zutreffender und unzutreffender Elemente ergibt.

So ist zwar die Annahme reell, daß konsequenter, akzeptierter Musikunterricht durch die Bewältigung sachspezifischer Aufgaben zur Bildung und Erziehung eines Menschen beitragen kann; einer positiven Antwort auf die Frage nach dem pädagogischen „Einsatz" von Musik für sachfremde Zwecke stehen jedoch nicht nur ethische und ästhetische Erwägungen entgegen, sondern auch theoretisch-methodische Hindernisse:

Die Beziehungen zwischen Musik und außermusikalischen Lerninhalten sind theoretisch noch bei weitem nicht geklärt. (...) Wirkungen von Musik und musikalischem Tätigsein sind schwierig zu generalisieren, weil sowohl auf der Seite der Musik als auch auf der Seite der Rezipienten oder Musikausübenden außergewöhnliche Variabilität vorliegt: Es gibt sehr verschiedene Musiken und Persönlichkeiten; entsprechend können die Interaktionen vielfältigste Formen annehmen (SPYCHIGER, S. 366).

3. Komplexität des Musikunterrichts

3.0 Musikunterricht als System

Komplexität ist ein zentraler Begriff der neueren Systemtheorie. Er verweist darauf, daß aufgrund bestimmter Entwicklungsbedingungen moderner Gesellschaften viele soziale Verhältnisse nicht mehr einfach und überschaubar, sondern vielschichtig und verwickelt geworden sind: statt Ackerbau Hochindustrialisierung, statt Tradition positiviertes Recht, statt Schicksal Wissenschaft. (WILLKE, S. 18)

Insofern der gegenwärtige Musikunterricht der modernen Gesellschaft zuzurechnen ist, trifft auf ihn diese systemtheoretische Kategorie zu.

Unterricht wird erkennbar als ein hochkomplexer Vorgang, an dem ungezählte (...) Faktoren beteiligt sind, in ständigem Wechsel ihrer Kombination, ihrer graduellen Ausprägung und ihrer wechselseitigen Abhängigkeit. (ABEL-STRUTH 1985, S. 115)

Unterricht könnte nicht verbindlich beschrieben und erfolgreich gehalten werden, wäre seine Komplexität nicht theoretisch zu durchschauen und praktisch zu bewältigen. – Das wird dadurch möglich bzw. erleichtert,

*daß es keine Komplexität an sich gibt, sondern nur in Hinsicht auf ein bestimmtes Problem, welches für ein bestimmtes System in einer bestimmten Situation Selektionen (*Auswahlentscheidungen, A.L.*) erfordert. (WILLKE, S. 23)*

Die systemtheoretische Sicht des Unterrichts ist mehrfach ergiebig. Zunächst sind die Institutionen, innerhalb derer er stattfindet, Systeme. – Im engeren bilden die daran beteiligten Personen ein System:

Die interagierenden Personen, die in einer relativ dauerhaften Beziehung zueinander stehen, werden heute meist als soziales 'System' bezeichnet. (...) Soziale Systeme im pädagogischen Feld sind beispielsweise 'Mutter und Kind', 'Familie', 'Schulklasse' (...) Unterhalb der Ebene sozialer Interaktion ist dann die einzelne Person ein System (...) Kein System steht also für sich allein, sondern ist in andere Systeme eingebettet. (/PAULUS, S. 57)

Auch *Unterricht ist als System zu begreifen. (KRON a, S. 279)*

Helmut Willke erklärt die Komplexität von Systemen aus mehreren Dimensionen. Davon sind für den Musikunterricht von Bedeutung:

a) Sachliche Komplexität b) Soziale Komplexität c) Zeitliche Komplexität d) Operative Komplexität.

a) Sachliche Komplexität

Sachliche Komplexität ist der etwas ungenaue Ausdruck für eine Vielfalt von Einheiten, die aufeinander wirken – seien es nun Sachen, Zellen, Organismen, Elemente, Menschen, Gruppen, Institutionen, Gesellschaften oder anderes. Ungenau ist der Ausdruck deshalb, weil er 'Sachen' nur in einem allgemeinen Sinne umfaßt, nicht aber auf Sachen im Sinne von Gegenständen beschränkt ist. Sachliche Komplexität nimmt zu, wenn die Zahl und die Dichte von Einheiten in einem bestimmten Raum-Zeit-Abschnitt steigt und wenn diese Einheiten aufeinander Wirkungen ausüben.
So kann man sagen, daß die sachliche Komplexität des Spiels 'Mensch-ärgere-Dich-nicht' gering ist (...). Dagegen ist die sachliche Komplexität des Schachspiels groß, weil hier zur gleichen Zeit auf einer Vielzahl von Feldern eine Vielzahl von Figuren mit einer Vielzahl von Konsequenzen aufeinandertreffen können. (WILLKE, S. 86)

Großfaktoren der sachlichen Komplexität des Musikunterrichts sind die Relativität und Vielschichtigkeit der Musik (3.1); das Ineinander verschiedener Verständnisebenen von Musik (3.2); die wirksame Gegenwart der aktuellen Kultur (3.3).

b) Soziale Komplexität

stellt WILLKE (S. 89) folgendermaßen vor:

Wenn mehrere Personen in einem engen Interaktionszusammenhang stehen, entwickeln sich zwar (...) schnell Gewohnheiten, Regeln, gemeinsame Vorverständnisse und Orientierungen und mithin Ansätze einer Struktur, die diesen Interaktionszusammenhang von anderen abhebt. Dennoch werden die Beziehungen bald unüberschaubar (...)

Eine grundlegende Änderung tritt in dem Augenblick ein, in dem sich zwischen den Mitgliedern unterschiedliche Rollen ausdifferenzieren und sich damit eine bestimmte Form der internen Arbeitsteilung einspielt. Nun ist nicht mehr jedes Ereignis für jeden Teil relevant, sondern die anfallenden Probleme werden auf die funktional differenzierten Rollen verteilt.

Diese Dimension bestimmt den Unterricht durch die Personen (Lehrer, 3.4, und Schüler, 3.5), welche auf der „Szene" des Unterrichts (3.6) in unterschiedlichen Rollen agieren.

c) Zeitliche Komplexität

ist ein Kriterium für die Dauerhaftigkeit von Systemen.

Dadurch unterscheiden sich Systeme von minder differenzierten Menschengruppen („Quasi-Systemen"):

Quasi-Systeme leben in der Gegenwart. Cocktail-Partys, Happenings, eine Warteschlange, (...) ein Flirt oder eine konstituierende Versammlung haben noch keine gemeinsam erinnerbare Vergangenheit und deshalb auch noch keine gemeinsam vorstellbare Zukunft. Aber schon mit der Konstituierung eines Quasi-Systems beginnt dessen eigene Systemgeschichte (...) Diese (...) gewinnt erst an zeitlicher Tiefe, wenn soziale Äquivalente (Entsprechungen, A.L.) *zum psychischen Gedächtnis sich entwickeln: wenn aus abgelagerten Erfahrungen und routinisierten Erwartungen Symbole, Konzepte, Schemata und schließlich systeminterne Modelle der Außenwelt entstehen, die es ermöglichen, das System auch in der Zeitdimension von seiner Umwelt abzukoppeln. (WILLKE, S. 93)*

Diese Gemeinsamkeiten sind für ertragreichen und zielführenden Musikunterricht eine entscheidende Voraussetzung. – Die Unentschiedenheit zwischen System und Quasi-System ist dagegen eine ergiebige Störungsquelle.

d) Operative Komplexität

Der letzte Schritt zur Systemqualität (...) liegt in der Erarbeitung der Fähigkeit, Zwecke und Ziele eigenständig zu setzen und zu variieren, also im Rahmen einer relativen Autonomie von der Umwelt operative Komplexität zu produzieren und zu verarbeiten. (Ebenda, S. 97)

Die Möglichkeit für eine Arbeitsgruppe des Musikunterrichts (z.B. Schulklasse), sich durch diese Dimension gegenüber ihrer „Umwelt“ (das ist jene Umgebung, von der sich die Gruppe durch ihre spezifische Aufgabe abhebt) zu definieren, hängt von den positiven Vorgaben des Systems Schule ab – und von der Fähigkeit der zusammenspielenden Personen zum Konsens.

***

Die systemtheoretische Ortung des Musikunterrichts stimmt im wesentlichen mit der allgemein-didaktischen Ordnung überein:

> *Das methodische Handeln von Lehrer und Schülern entfaltet sich im Unterrichtsprozeß in fünf miteinander verknüpften Dimensionen, und zwar in der*
> *(1) Zieldimension*
> *(2) Inhaltsdimension*
> *(3) Sozialdimension*
> *(4) Handlungsdimension*
> *(5) Zeitdimension.*
>
> *(MEYER 1991, S. 222)*

3.1 Relativität der Musik

3.1.1 Mehrwertigkeit der Musik

> *Die Musik (...) ist ein Phänomen von außerordentlicher Komplexität. (HÜSCHEN, Sp. 970)*

So wie jedoch Unterricht in erkennbaren Dimensionen komplex ist, erweist sich auch Musik nicht bloß als irgendwie kompliziert.

> *Der Begriff der Komplexität bezeichnet stets eine Relation zwischen System und Welt, nie einen Seinszustand (Niklas Luhmann: WILLKE, S. 23).*

Musik bietet in ihrer Vielfalt zunächst einen großen inhaltlichen Reichtum; insofern kann ihre Komplexität dem Musikunterricht vielfach dienlich sein.

Hinderlich kann Komplexität dort werden, wo die gleichzeitige Gegenwart bzw. Wirksamkeit von heterogenen Momenten der Musik den didaktischen Zugang zu ihr erschwert.

Eine erste Momentaufnahme einschlägiger Eigenheiten zeigt Musik in einem Spannungsgefüge von

- Sache und Sachgebiet
- Zweckbindung (Gebrauchswert; „Heteronomie") und Selbstzweck (Kunstwert; „Autonomie")
- Klangereignissen und ihrem außermusikalischen Kontext (Zusammenhang)
- musikalischen Phänomenen und ihrer Deutung/Bedeutung
- Prozeß (erklingende Musik) und Produkt (erklungene Musik)
- Überlieferung (Tradition) und Neuheit (Innovation)
- Regel und Spielraum
- Muster und Individualität (Einmaligkeit).

3.1.2 Entgrenzung der Musik

Gäbe es eine überschaubare, begrenzte Menge von Musik als Gegenstand des Musikunterrichts (wie im Schulgesang des XIX. Jahrhunderts mit seinem Kanon aus geistlichen, kindertümlichen und vaterländischen Liedern), so wäre der Musikunterricht in seiner Sachdimension wenig komplex und die Relativität der Musik kein musikpädagogisches Problem.

Noch die Neuerer aus der Jugendmusikbewegung im früheren 20. Jahrhundert sahen sich in Opposition zu einer zwar reichen, von ihnen aber offenbar als Einheit aufgefaßten Musikkultur:

> *Die Jugendmusikbewegung ist die geschichtlich erstmalige Erscheinung generationsspezifischer Identifikationsvergewisserung durch Musik. (...) Mit ihrer 'Sing- und Spielmusik' als Ausdruck 'neuer musikalischer Gesinnung und Lebensform' verstand sie sich als Protestbewegung gegen 'bürgerliche Musikkultur' und betrieb Musikalisierung und Pädagogisierung in eigener Regie (Sing- und Musizierwochen, Lehrgänge in 'Gilden', 'Kreisen' und 'Gemeinden'). Obschon bis 1933 eine Minorität unter Jugendlichen und Lehrern, entwickelte sie sich*

unter Einflüssen der Reformpädagogik seit dem 1. Weltkrieg zur musikerzieherischen Reformbewegung mit Auswirkungen bis in die 60er Jahre. (ANTHOLZ 1994, S. 127)

Diese kulturelle Einheit der Musik ist am Ende des 20. Jahrhunderts verschwunden. Die Musikproduktion ist unüberschaubar (bzw. ihre Unüberschaubarkeit ist musikologisches Gemeingut) geworden.

Was es an Musik überhaupt gibt, ist nicht nur für den Laien absolut nicht mehr überschaubar (...). Die Musik hat sich in so viele divergierende, aber auch überlappende Richtungen aufgespalten, die ihrerseits schier unzählige einzelne Werke oder Produktionen umfassen, daß eine auch nur annähernde oder oberflächliche Kenntnis (was auch immer man darunter verstehen mag) der 'gesamten Musik' für den einzelnen schlichtweg völlig ausgeschlossen sein dürfte. (ABELE, S. 16f.)

Der entsprechende *Pluralismus der Musikauffassungen (DAHLHAUS/EGGEBRECHT 1979, S. 178)* zeigt für die Musik den aktuellen *Grundzug der Pluralität – der einschneidenden, radikalen Pluralität (WELSCH 1995, S. 69).*

Denn die Kunst ist eine exemplarische Sphäre solcher Pluralität. Das gilt schon bezüglich der Vergangenheit. In der Kunst ist das Merkwürdige ja (...), daß vergangene Gestalten zwar abgelöst, aber nicht überholt werden, sondern uns auch, nachdem ihre geschichtliche Stunde abgelaufen ist, noch immer zu faszinieren vermögen (...)
(...) In der Kunst gilt (...) eine Koexistenz des Heterogenen, des radikal Verschiedenen. Das Diktat der Chronologie ist hier weniger unerbittlich als anderswo. Während Chronos seine Kinder frißt, bleiben die Töchter der Kunst am Leben. (Ebenda)

Unterschiedliche Forschungsrichtungen der Musikwissenschaft und der Kulturtheorie sowie die weltweite Verbreitung von Musik durch Audio- und Videomedien haben diese Pluralität ideell bzw. faktisch vorbereitet und vollzogen.

Die Historische Musikwissenschaft hatte für die europäische Musik zu dem Ergebnis geführt:

Jede Zeit (...) beantwortet auf ihre Weise die Frage nach Sinn und Wesen der Musik. (H. ENGEL, S. 50)

Aus der Perspektive der Musikethnologie erbrachte der relativierende Einblick in die weltweite Vielfalt der Musik als gemeinsamen Nenner,

> *daß eine einzige naturgegebene Musik nicht existiert. (...) Deshalb muß der Begriff Musik für jede Kultur eigens definiert werden. Ein Analogieschluß selbst von experimentell nachgewiesenen europäischen Musikvorstellungen, Hörweisen und Regelsystemen auf andere Musikkulturen ist ebensowenig möglich wie naiv-empathisches Verstehen. (BRANDL/RÖSING, S. 71f.)*

> *Bei den afghanischen Kalash (...) in Nuristan werden z.B. Klänge nach räumlichen (...) Kriterien geordnet und diese wiederum sind in ein System von Gut-Böse-Beziehungen (unten-oben, innen-außen) eingebunden. Ähnliche Wertvorstellungen scheinen sprachlich auch im europäischen Mittelalter existiert zu haben (oben = Himmel, unten = Hölle /.../). (BRANDL, S. 361)*

Die ethnologische Relativierung ist am Ende des 20. Jahrhunderts allerdings in dem Maß selber relativ geworden, in dem innerkulturelle Veränderungen, interkultureller Austausch sowie neue kulturelle Phänomene und Zuordnungen die traditionellen Kulturen überholt haben. Sie ist dort obsolet, wo diese Kulturen aus ihrem vormodernen Stadium in das moderne Stadium geraten bzw. gelangt sind.

> *Modernität entspringt aus Distanzerfahrung: daraus, daß die Gegenwart vom Vergangenen durch einen Riß getrennt ist. (...) Modernität heißt, sich im Kontrast zu verstehen: im Sinne des Neuen gegenüber dem Alten – und dann auch im Sinne des Aufgeklärten gegenüber der Befangenheit in Geschichten, in religiösem Wahn und religiöser Naivität, technischem Unverstand und überhaupt befremdlicher Denkweise; doch auch im Sinne des Entzauberten, Verminderten, der Fülle des Lebens Beraubten, gegenüber den vergangenen Zeiten, die vermeintlich besser gewesen sind. (FIGAL, S. 112)*

In der „transkulturellen", globalen Modernität

> *kommen die Unterschiede (...) nicht mehr durch das Nebeneinander klar abgegrenzter Kulturen zustande, sondern sie bilden sich aus der Durchdringung und Interaktion unterschiedlicher Herkünfte und Lebensformen. Die Differenzierungsmechanik (...) folgt nicht mehr geographischen oder nationalen Vorgaben, sondern kulturellen Austauschprozessen. (...)*

Das Konzept der Transkulturalität entwirft ein anderes Bild vom Verhältnis der Kulturen als das traditionelle Kulturverständnis: nicht eines der Isolierung und des Konflikts, sondern eines der Verflechtung, Durchmischung und Gemeinsamkeit. (WELSCH 1997, S. 22)

Mit dem Übergang in die Gegenwart ist die kulturelle Entgrenzung der Musik Teil ihrer (paradoxen) Definition geworden.

Die Formel von der Bewahrung der kulturellen Identität ist (...) mit einer dynamischen Auffassung des kulturellen Geschehens nicht mehr vereinbar. (BLAUKOPF, S. 293)

Jene musikwissenschaftlichen Differenzierungen (siehe oben) sind durch musiksoziologische Einsichten zu erweitern bzw. zu ersetzen:

Die Gesellschaft bzw. das in einer Gesellschaft ausgeprägte Kulturverständnis entscheidet darüber, was als Musik verstanden wird und was nicht. (...) Derartige Übereinstimmungen innerhalb einer Musikkultur sind alters- und schichtbezogen. (BRUHN/OERTER/ RÖSING, S. 15f.)

Aus musikpsychologischer Perspektive zeigt sich zudem:

Musik muß in der Wechselbeziehung von Kultur als dem von der Gesellschaft aufgebauten und abgesteckten Handlungsfeld (...) einerseits, vom Individuum andererseits als neuschaffendem, reproduzierendem oder rezipierendem Akteur gesehen werden. (Ebenda, S. 16)

Soll der Musikunterricht trotz der soziokulturellen Komplexität von Musik zu verbindlichen Ergebnissen führen, sind dafür mehrere Folgerungen angebracht.

a) Der Begriff des Modernen/der Moderne soll für die Musikpädagogik neu bedacht werden, und zwar nicht mehr – wie noch zu Ende des 20. Jahrhunderts – von der „Neuen Musik“ aus, sondern von der „Kultur der Moderne“ (MÜNCH) aus. (Schon der europäische Kulturwandel seit der frühen Neuzeit war in Einzelheiten ein Übergang von der Vormoderne zur Moderne. – Siehe auch ZIMA, S. 8 f.)

b) Da eine enzyklopädische Darstellung der gesamten Musik im gängigen Musikunterricht nicht gegeben werden kann, soll sie auch nicht in verkürzter Form versucht werden. (Siehe 2.4.3 a)

Zentraler Inhalt des informativen Musikunterrichts sollen zusammenhängende Einblicke in das Phänomen Musik, speziell im Kontext der modernen Kultur sein.

c) Der Musikunterricht soll verbindliche, objektivierbare Details zum Inhalt haben. Die Teilgebiete der Musik/-kunde/-kultur, denen jene Details zugehören, sollen an geeigneter Stelle thematisiert werden. (Diese Stelle kann prinzipiell auch der Anfang sein.)
Zu bewahren und zu pflegen sind die begrenzten und dadurch klar definierten Verantwortlichkeiten. (MARQUARD, S. 89)
Diese Konsequenz steht konträr zur pädagogischen Ideologie der *Allzuständigkeit für die Verhältnisse (...), die gar nicht mehr allein dieses Kind betrifft, sondern die große Welt, die Gesellschaft und ihre zukünftig möglich besseren Zustände. (PRANGE, S. 99).*
Vielmehr
trifft auf kultur(...)therapeutische Ambitionen der Schule zu, was Fr. Paulsen schon 1885 schrieb: 'Die Schule macht nicht das Leben eines Volkes, sie erlebt es mit' (ANTHOLZ 1976, S. 119).
– Siehe jedoch 3.3.1 und 3.3.2

d) Vormoderne (alte europäische bzw. außereuropäische) Musik soll im Musikunterricht weitergegeben werden
• als ästhetisches Ereignis
• als kulturelles Zeugnis vormoderner Tradition
• als Anregung für europäische Musik der Moderne
gemäß der realen Qualifikation der Lehrkraft.

e) Musikunterricht soll das Trennende wie auch das Gemeinsame der verschiedenen Spielarten von Musik vermitteln.
Pauschale Zuordnungen (historisch z.B. „E-Musik" gegen „U-Musik") sollen differenziert werden.

f) Unsachgemäße Information und destruktive kulturelle Fehldeutungen sollen unbedingt vermieden werden, doch ist anzuerkennen, daß es auch konstruktive kulturelle Umdeutungen gibt. (Die Musik der Welt ist voll von Beispielen dafür.)

g) Musikunterricht kann an jeder erreichbaren Stelle der Musikkultur ansetzen. Diese Erreichbarkeit ist z.B. gegeben
- wo Musik im Leben der Schüler aktuell ist (etwa im „nächstbesten" Film)
- wo ihre Geschichte/ihre Gegenwart vor Augen liegt bzw. unüberhörbar ist
- durch die am Unterricht beteiligten Personen mit ihren Erfahrungen, ihrem Vorwissen und ihren Fähigkeiten.

3.1.3 Relationen der Musik

Daß die Frage nach dem „Wesen" der Musik *(solche Fragen sollten nicht Bestandteil ernsthafter Forschung sein – G. ENGEL, S. 80)* heute nicht mehr wissenschaftlich gestellt wird, entspricht einer von Bertrand Russell schon 1918 erhobenen Forderung: daß

> *logische Konstruktionen an die Stelle angenommener Wesenheiten (...) treten müssen, wo immer dies möglich ist (Zitat: BIERICH, S. 243).*

Demnach kann die Suche nach allgültigen Wesensmerkmalen der Musik („Universalien") durch musikpädagogisch relevante Fragen ersetzt werden, die zu aller Musik in sinnvolle Beziehung (Relation) gesetzt werden können.

Solche „kategorialen" Fragen zu einer bestimmten Musik sind die Fragen nach

a) ihrer Herkunft und Geschichte: Woher kommt sie?
Jede Musik ist an eine historische Situation und Tradition sowie an eine physische oder ideelle Region, an Orte bzw. Ortsverbindungen im geographischen oder im technischen Sinn (Medien) gebunden.

b) ihrer Aktualität: Wie ist sie hier und jetzt präsent/nicht präsent/präsentierbar?

Musik kann tagesaktuell, aber auch über den Tag ihrer ersten Aktualität hinaus zeitüberspannend aktuell sein. Sie kann zudem für bestimmte Gelegenheiten (Musikunterricht) aktuell (gemacht) werden. (Siehe auch c)

c) ihrer Verbreitung, Veröffentlichung, „Verpackung“, Vermarktung (und von ihrer Akzeptanz): Wie und in welchem Ausmaß gelangt sie in die Öffentlichkeit? Wie wird sie präsentiert? Wie wird sie mit anderen ästhetischen Phänomenen/Kulturbereichen kombiniert? Was bewirkt, daß sie öffentlich akzeptiert wird?

d) ihrem Material: Welche Mittel der Klang/Raum/Zeitdimension, welche anderen ästhetischen Mittel gelangen zur Anwendung?

e) ihrer Hervorbringung, Herstellung, Realisation, Produktion, Interpretation: Wie wird sie (außerhalb des Hörers) zum musikalisch-ästhetischen Prozeß? Wie wird sie zum Klangereignis? Wodurch bzw. wie wird sie sonst realisiert?
Antworten auf diese Frage hängen davon ab, ob eine bestimmte Musik im abendländischen Sinn komponiert wurde oder ob sie auf andere Weise entstanden ist (entsteht); wie sie technisch zustande kommt; in welchem Verhältnis sie dabei zu welchen Konventionen steht usw.

f) ihrer Beschaffenheit, ihrer Faktur (Machart), ihrem Kunstcharakter: Wie ist sie gemacht, wie ihr Ergebnis beschaffen? Welche Fertigkeiten sind in ihr verwirklicht? In welchem Verhältnis steht sie zu der Wirklichkeit, die sie umgibt?
Spezielle Fragen dazu betreffen die Gestaltung des Materials zum Produkt; die Anwendung von Spielregeln; das Verhältnis von vorgegebenen „Konstanten“ und möglichen „Variablen“; das Verhältnis vom Individuellen zum Typischen; das Verhältnis zwischen funktionellen und ästhetischen Anteilen; weitere ästhetische Aspekte

g) ihrer psychischen Bindung an Subjekte: Wie und wodurch wird sie im einzelnen Menschen zum psycho-physischen Ereignis?

Aus musikpsychologischer Perspektive kommen musikbezogene Prozesse im Subjekt durch

- ererbte Vorgaben und Muster (biologische Ausstattung und Anlagen, psychische Gesetzmäßigkeiten, somatische Mechanismen...) sowie durch
- erlernte Vorgaben und Muster (eingeübte Verhaltens- und Handlungsweisen, trainierte Fertigkeiten, erworbene Einstellungen...) zustande.

Diese Gegebenheiten und Vorgänge sind wegen der Verbindungen und Rückkoppelungen von Erwartung und Erfahrung, von Situation und Reaktion, von Kognition und Emotion etc. hochkomplex. – Allein das

Bemühen, die Art der Beziehungen zwischen der Wahrnehmung von Musik und den durch sie bewirkten Emotionen aufzuklären, kommt dem Versuch der Lösung einer Gleichung mit vielen Unbekannten nahe. (HARRER, S. 588)

(In naiver musikpädagogischer Literatur wird diese Komplexität immer wieder ignoriert bzw. wird übersehen, daß aus bestimmter Musik oder aus einzelnen psychischen Phänomenen allein – z.B. aus Stimmungen – keine Musikbeziehung hinreichend geklärt und kein allgemeinbildender Musikunterricht konsequent begründet werden kann.)

Im weiteren ist jegliches Hören von Musik („Rezeption") historisch-gesellschaftlich geprägt:

Immer ist das rezipierende Subjekt auch ein gesellschaftliches Wesen und durch die geschichtlichen Umstände vermittelt. (HENCKMANN/LOTTER, S. 29)

Für das Verhältnis von „Künstlichkeit" und „Natürlichkeit" gilt generell:

Künstlichkeit und Natürlichkeit sind Reflexionsbegriffe. Sie bezeichnen nicht Gegenstände, sondern Hinsichten, Perspektiven, Relationen (...)

Die Welt von Romanen beispielsweise ist im allgemeinen künstlicher als die des Alltags, und unsere Alltagswelt ist künstlicher als die Welt archaischer Lebensformen. (...) Nur: Auch die archaische Welt hatte ihre Künstlichkeit – ihre Erfindungen und Rituale. Auch sie war nicht einfach naturgegeben oder naturgewachsen. (WELSCH 1996, S. 297 und 296)

h) ihrem (sozio)kulturellen Kontext: An welcher Stelle befindet sie sich im gesellschaftlichen/kulturellen Zusammenhang, wie ist sie darin eingebunden?
Welche kulturellen Faktoren prägen sie bzw. die Beziehung von Menschen zu ihr im allgemeinen und im besonderen?
Welche Bedeutung hat sie in einem bestimmten kulturellen Zusammenhang? Als was (z.B. als Symbol) wird sie dort gedeutet? Welchen außermusikalischen Phänomenen bzw. Bereichen wird sie üblicherweise zugeordnet?

i) ihrer Verwendung bzw. Verwendbarkeit: Wofür dient sie den Menschen? (Wird sie für etwas Bestimmtes, wird sie als etwas Bestimmtes verwendet? Ist sie an einen/keinen Gebrauch gebunden? Ist der Erfolg ihres Gebrauches tatsächlich gegeben – oder wird er ihr nur zugesprochen? Wofür könnte sie verwendet werden?)

j) ihrer Verwertung: Wie wirkt sich ihr kultureller Wert für jene Menschen aus, die sie für andere herstellen, anwenden, erforschen, vermitteln...? Wem sichert Musik in direkter oder indirekter Weise den Lebensunterhalt?

k) ihrer (musiktheoretischen) Erkenntnis: Wie kann sie angemessen erforscht, wie kann sie ergiebig analysiert, wie können ihre Elemente systematisch bestimmt und geordnet werden?
Musikbezogene Erkenntnisse können, ab einem gewissen Niveau theoretischer Aufbereitung, zu wissenschaftlichen Theorien verarbeitet werden, aber auch, aus der aufmerksamen Musikpraxis gewonnen, intuitiv zur Anwendung kommen. Ohne sachzugewandte Erkenntnisleistung ist jedoch überhaupt keine musikbezogene Praxis – weder eine musikherstellende noch eine musiktheoretische – möglich, da alles menschliche Handeln Erkenntnisakte zur Voraussetzung hat (siehe 1.1).

l) ihrer Erlernbarkeit: Wie kommen Menschen, die musikalische Tätigkeiten ausführen, zu den dafür nötigen Fertigkeiten?

Musikalisches Lernen kann unwillkürlich erfolgen oder veranstaltet und pädagogisch-didaktisch angeleitet sein.

Musikalische Phänomene und Gegebenheiten haben in der Regel mehrere Aspekte; sie stehen zu mehreren Bezugsgrößen in Relation.

Ein ergiebiges Beispiel für solche Mehrfachrelationen sind die Funktionen von Musik.

Dabei ist, erstens, zwischen

- kulturellen Funktionen der Musik (Sakrale Funktionen, Repräsentation, Festlichkeit, Gruppenbindung, Verständigung, Kontakt u.a. – siehe RÖSING 1993 b, S. 77f.),
- individuellen Funktionen (Aktivierung, Entspannung, Unterhaltung, Kompensation u.a. – siehe ebenda, S. 78f.) und
- ästhetischen Funktionen (z.B. in der Detailgestaltung von Filmmusik – siehe N. J. SCHNEIDER, S. 67)

zu unterscheiden.

Zweitens sind die Funktionen von Musik biologisch begründet und kulturell geprägt:

> *Auf der Basis (...) biologisch bedingter Grundverhaltensweisen müssen sich (...) nach und nach die spezifisch menschlichen, zunehmend kulturell überformten Verhaltensweisen herausgebildet haben (...) Während in bestimmten Bereichen (z.B. im Sexualverhalten, im Pflegeverhalten gegenüber Kleinkindern /.../) die biologischen Mechanismen relativ deutlich erkennbar blieben, wurden in anderen die kulturellen Überformungen dominant.*
> *Für den ästhetischen Bereich trifft das Letztere zu. (STOCKMANN, S. 180f.)*

Drittens liegen den aktuellen Funktionen von Musik im allgemeinen alte musikalisch-kulturelle Traditionen zu Grunde:

> *Kult, Magie, Religion und Musik sind seit alters her miteinander verbunden. Alle einschneidenden Ereignisse des Lebens (Geburt, Initiation, Hochzeit, Tod; Krankheit, Hunger, Krieg; Naturgewalten wie Unwetter, Dürre, Feuer) werden bei Naturvölkern von Kulthandlungen begleitet. (RÖSING/ROEDERER, S. 356)*

Die tatsächliche Wirksamkeit von Musik in bestimmter Funktion hängt, viertens, von der Beschaffenheit und Ausführung der betreffenden Musik sowie, fünftens, von diversen aktuellen Faktoren im betroffenen Individuum (Aufmerksamkeit usw.) ab. – Sechstens:

> *Wie Menschen letztlich mit Musik umgehen, gründet auf ihrer individuellen Lern- und Lebensgeschichte. (BASTIAN 1991, S. 9)*

3.1.4 Mittelbarkeit der Musik

Für den Musikunterricht gibt es musikdidaktische Herausforderungen besonderer Art, welche hier als „Mittelbarkeit der Musik" zusammengefaßt werden. Es sind dies im einzelnen

a) die Unsichtbarkeit der erklingenden Musik.
Damit ist der Umstand gemeint, daß sie trotz sichtbarer Vorgänge bei ihrer Realisation, trotz ihrer aktuellen Bindung ans Motorische, Gestische, Szenische usw. als hörbares Klanggeschehen unsichtbar bleibt.

b) die *Flüchtigkeit der Musik (ALT 1977 b, S. 81).*
Damit ist der Umstand gemeint, daß sie im Erklingen zugleich mit der Zeit vergeht, in der sie erklingt; und daß sie nachher nur mehr indirekt, als verklungenes Produkt gegenwärtig (oder aber entschwunden) ist und für die weitere Auseinandersetzung mit Hilfe musikdidaktischer Mittel aus der Distanz, soweit möglich, zurückgeholt werden muß.

c) die Künstlichkeit der Musik.
Damit ist der Umstand gemeint, daß sie selbst bei vollkommener Übereinstimmung mit Vorgängen außerhalb ihres Klanggeschehens schließlich mit jenen Vorgängen nicht identisch ist; daß sie, als etwas Eigenständiges, „Künstliches", in jener Übereinstimmung nie restlos aufgehen, daß sie anderem sehr ähnlich, aber nur mit sich selbst identisch sein kann. – An ihrer Stilisierung ist denn jede Spielart und jede Ausübung der Kunst zu ermessen, egal welcher Herkunft.

Zu a)

Die Unsichtbarkeit der Musik kann durch die Palette ihrer verschiedenen Realisationsmöglichkeiten bis zu einem gewissen Grad kompensiert werden.

Nach Hermann Rauhe (RAUHE/REINECKE/RIBKE, S. 115; übersetzt von A.L.) sind folgende „Realisationsstadien" der Musik zu unterscheiden:

1. Vorstellung (innerlich *erhörte* Musik)
2. Schriftliche Ausführung (schriftlich entworfene Musik)
3. Aufführung
4. Speicherung durch Aufnahme
5. Wiedergabe durch Lautsprecher
6. Nachschrift (nach dem Erklingen niedergeschriebene Musik)
7. Wahrnehmung.

Die einzelnen Stadien ordnet er vier *Kommunikationsebenen (ebenda)* zu. Diese Ebenen sind die
Auditive Ebene (Hörer: Stadien 1 und 7)
Visuelle Ebene (Noten: Stadien 2 und 6)
Akustische Ebene (Schall: Stadien 3 und 5)
Technische Aufzeichnungsebene (Tonträger: Stadium 4).

Wenngleich sich Rauhe auf die Erfassung *massenmedial vermittelter Musik* bezieht, fehlt dort (1975) außer der Klangherstellung durch Computer das schon damals starke visuelle Element der Musikpräsentation. – Gerade dafür gilt (wieder), was Kurt BLAUKOPF (1996, S. 5) für einen anderen Kontext festgestellt hat:

> *Jede wissenschaftliche Betrachtung von außereuropäischen und von älteren europäischen Kulturen wird die unlösliche Verbindung von sprachlichen, gestischen und musikalischen Elementen im Auge zu behalten haben. Wenn wir in solchen Bereichen von Musik sprechen, dann muß uns klar sein, daß wir eine gedankliche Trennung vornehmen, die in der gesellschaftlichen Praxis und dem ihr zugehörigen Denken in der Regel nicht existiert.*

Jene Liste nach Rauhe wäre daher um weitere „Realisationsstadien“ zu ergänzen, etwa um die Motorisch-tänzerische, die Gestisch-szenische und die Video-Realisation; dafür wäre eine weitere „Kommunikationsebene“ der „Analogien“ zur Musik (siehe 3.2.2 d) einzubeziehen.

Darüber hinaus ist Musik in ihrem kulturellen Kontext als alltäglicher Bestandteil des menschlichen Lebens überaus präsent und augenscheinlich vorhanden.

Zu b)

Die Flüchtigkeit der Musik ist ästhetisch trivial:

> *Das Sichtbare verharrt in der Zeit, das Hörbare hingegen vergeht in der Zeit. Sehen hat es mit Beständigem, dauerhaft Seiendem zu tun, Hören hingegen mit Flüchtigem, Vergänglichem, Ereignishaftem.“ (WELSCH 1996, S. 247),*

musikdidaktisch nicht-trivial:

> *Musik ist eine ‘flüchtige’ Kunst. Es fehlt ihr das bildhafte Nebeneinander der Bildkunst und die in sich geschlossene Fabel der Dichtung. Nie ist sie beim Erklingen als Ganzes beisammen (...). Auslegung der Musik bedeutet also immer Interpretation des Nachklanges, soweit das Gedächtnis ihn festzuhalten vermag; das aber ist von Person zu Person und von Fall zu Fall verschieden. (ALT 1977 b, S. 81)*

und musikpsychologisch komplex:

> *Ab wann ist etwas ‘vergangen’? Wann verläßt man den Zeitpunkt ‘Gegenwart’? Der Zeitraum für die sensorische Integration von Sinnesreizen scheint bei ungefähr 30 msek. zu liegen: Erst ab einem zeitlichen Abstand von 30 msek. kann man zwei Klangereignisse voneinander unterscheiden (...)*
> *Die psychische Gegenwart ist jedoch viel länger als 30 msek.: Töne werden als zueinander zugehörig empfunden, auch wenn sie mehrere Sekunden nacheinander erklingen. Eine Melodie wird als gegenwärtiges Ganzes empfunden, selbst wenn sie wie im ‘Parsifal’-Vorspiel über zwei Minuten lang ist (...)*
> *Bei der Wahrnehmung von Musik läßt sich die Einheit zwischen Gegenwart und Vergangenheit sehr gut zeigen: Ein musikalisches Ereignis wird aufgenommen. Das nächste Ereignis ergänzt das erste Ereignis, es entsteht eine neue Ganzheit, die beide Ereignisse umfaßt. Das*

dann folgende musikalische Ereignis verschmilzt wieder mit der vorher entstandenen Ganzheit zu einer neuen Ganzheit. (...) Wahrnehmung und Gedächtnis verschmelzen ineinander. (BRUHN, S. 539f.)

Von musikpädagogischem Interesse ist die Möglichkeit, entsprechende musikalische Wahrnehmungsleistungen durch musikalisches Lernen zu steigern:

Studien belegen, daß für die Wahrnehmung umfangreicherer Zeiträume, ablesbar am Nachvollzug des großformalen Ablaufs, Lernprozesse unabdingbar sind. (KLEINEN, S. 57)

Hat Musikunterricht jene Wahrnehmung zum Ziel, gehören solche Lernprozesse zu seinem Inhalt.

***

In der Unsichtbarkeit und Flüchtigkeit der Musik ist ihre „Mittelbarkeit" nicht vorweg gegeben; diese ergibt sich vielmehr durch die didaktische Vermittlung der erklingenden bzw. erklungenen Musik, durch Übersetzung in „anschauliche" Sinnesmodalitäten (z.B. Notation), durch Übertragung in andere ästhetische Bereiche (z.B. Sprache).

Daraus kann ein musikdidaktisches Problem entstehen: daß der Musikunterricht auf der visuellen, der begrifflichen oder sonst einer parallelen, analogen Ebene zur Musik stehenbleibt – weil dort die Dinge leichter festzuhalten, didaktisch leichter handzuhaben und leichter zu überprüfen sind.

Demgegenüber wäre rechtzeitig der Gefahr zu begegnen, daß die didaktischen Wege zur Musik zu Sackgassen des Musikunterrichts werden. Diese Gefahr betrifft z.B.

- die definitive Verkürzung von größeren Gestalten (z.B. Melodie) auf ihre Teile (Töne)
- das Übergewicht von Anschauungsmitteln (Noten, Skizzen, Malereien) gegenüber ihrer musikalischen Bedeutung (Klanggeschehen)
- die Vernachlässigung der erklingenden Musik gegenüber ihren außermusikalischen (z.B. programmatischen) Zutaten

- die Verwechslung der Musik mit dem, was über sie auswendig zu lernen ist.

Sinnlose wäre dagegen der Kurzschluß, wegen jener Gefahr die didaktischen Wege (z.B. die Notation) zu ächten. Musikdidaktische Wege und musikalisches Ziel sollen vielmehr in einer ergiebigen Wechselbeziehung stehen.

Zu c)

Dem musikdidaktischen Problem, Musik nicht mit ihren Vorgaben, Bestandteilen und Beigaben zu verwechseln, liegt ein ästhetisches Problem zu Grunde: daß Kunst sich nicht in ihren Vorgaben, Bestandteilen und Beigaben erschöpft.

Verbindlichkeit und Eigenwert der ästhetischen Sphäre läßt sich anekdotisch illustrieren:

> *Bei einer Ausstellung hätte jemand Franz Marc etwas konsterniert gefragt 'es gibt doch keine blauen Pferde' worauf Marc geantwortet habe 'das sind ja auch keine Pferde, sondern ein Bild'. (FREY, S. 149, Originalorthographie)*

Der Kunstcharakter seines Gegenstandes bringt für den Musikunterricht einen externen Fluchtpunkt der didaktischen Annäherung. (Wird er ernstgenommen, kann der Musikunterricht mit seinen Eigenheiten nicht sachlicher Richtwert seiner selbst sein; vielmehr ist dann sein Verhältnis zur musikalischen Kunst ein verbindlicher Maßstab seiner Praxis.)

Auf dem Weg in diese Richtung gibt es viele erreichbare Vorstufen und Stufen – vom einfachen Lied, das eben prinzipiell nicht irgendwie, sondern am Ende so gut als möglich komponiert/gesungen/ begleitet/dokumentiert wurde, bis zur Herstellung professionell konkurrenzfähiger Produkte.

Kunstorientierung heißt demgemäß für den aktuellen Musikunterricht: Orientierung an genrespezifischen Qualitätskriterien welcher musikalischen Hervorbringung, welcher Gattung und Stilrichtung auch immer.

Kunstorientierung ist in Relation zur Lernstufe der Schüler zu sehen. – Sie bedeutet im einzelnen

- Erreichen klanglicher Mindeststandards; sodann Anstreben des höchsten erreichbaren Niveaus; schließlich Nichtakzeptanz musikalisch schlechter Hervorbringungen
- stilistische Angemessenheit
- technisch und musikalisch vertretbare Handhabung der verwendeten Instrumente (beginnend z.B. bei der Schlägelhaltung von Schlaginstrumenten)
- soviele Anleihen bei professioneller Produktion als möglich (z.B. Aufnahmemindeststandards)
- Herstellung sovieler fertiger Produkte als didaktisch sinnvoll
- Musikwiedergabe in möglichst hoher Tonqualität
- usw.

Wie weit ein solcher Anspruch verwirklicht werden kann, hängt von den ideellen, institutionellen und personellen Bedingungen des Musikunterrichts ab.

Wo diese nicht erfüllt sind, kann die – dann überwuchernde – Komplexität des Musikunterrichts allerdings bis zur Unbewältigbarkeit zunehmen.

Mangelhafte bzw. fehlende Bedingungen können für längerwährenden, sachgemäßen und anspruchsvollen Musikunterricht nicht ersetzt werden – nicht durch gesetzliche Bestimmungen, nicht durch pädagogische Ideologie, nicht durch guten Willen und musikdidaktische Künste.

Dies gilt vor allem deshalb, weil Musik aus professioneller Quelle prinzipiell allgegenwärtig und immer abrufbar ist, daher mit ihrer Gegenwart im Musikunterricht jederzeit verglichen werden kann.

3.2 Facetten des Musikverstehens

3.2.1 Musikverstehen; Musikwahrnehmung

Aus einer bestimmten abendländischen Tradition stammend (siehe GRUHN 1989, S. 10ff.), hat sich für das kundige Verhältnis von Menschen zur Musik der Begriff „Verstehen" eingebürgert. Verstehen ist *ein Wort, das ein sehr prägnantes Erlebnis umschreibt, seinerseits aber nur äußerst schwierig begründet werden kann (DE LA MOTTE-HABER 1985, S. 17).*

Der Begriff des Verstehens mag im engeren Feld musikwissenschaftlicher Theorie unauflösbare Denkschwierigkeiten bereiten (siehe BEHNE 1994); im pädagogischen Alltag ist Verstehen jedenfalls als Redeweise, offenbar aber auch als sinnvolles Phänomen gegenwärtig.

> *Die Effekte der Schulen mögen gering (...) sein, legitimierbar sind sie nur dann, wenn sie für Verbesserungen des Verstehens der Schüler sorgen (OELKERS, S. 215).*

Wenn aber didaktische Verbesserung des Verstehens möglich ist, kann es trotz aller Vorbehalte als Kategorie für den Musikunterricht beibehalten werden.

Zum einschlägigen Begriffsfeld gehören auf der Subjektseite: Verstehen, Wahrnehmen, Erkennen, Begreifen, Erfassen, Erfahren, Interpretieren, Zuordnen, Deuten usw.; auf der Objektseite: Interpretation der Musik, Elemente der Musik, Bedeutung, Ausdruck, „Botschaft", Analogie usw.

Dem Verstehen kommt speziell für den Unterricht in einem Gegenstand der Kunst Bedeutung zu:

> *Wie immer man die Kunst, die verschiedenen Künste bestimmen mag, was immer man zu dieser Bestimmung, zur näheren Klärung ihrer Bedeutung 'für uns' heranzieht – die Kunst muß gedeutet werden, will man an der Annahme festhalten, daß sie für die menschliche Kultur unverzichtbar (...) ist. (GETHMANN-SIEFERT, S. 261f.)*

Auf das einzelne Kunstprodukt bezogen fordert Hans-Georg GADAMER (S. 34):

Jedes Werk läßt gleichsam für jeden, der es aufnimmt, einen Spielraum, den er ausfüllen muß.

Musikpädagogisch problemlos ist Verstehen dort, wo das, was verstanden werden soll, direkt anwendbar und überprüfbar ist.

Ob jemand sachgemäß eine Trommel zu bedienen oder ein Lied zu singen versteht, läßt sich sogleich verifizieren.

Die Frage dagegen, ob jemand eine musikalische Gegebenheit (z.B. den Unterschied zwischen Dur und Moll) oder einen musikalischen Sachverhalt „versteht", ist schwerer zu beantworten. Denn das Nachvollziehen oder das Beschreiben von Beziehungen und Fakten heißt noch nicht, diese auch zu verstehen – speziell dort, wo allenfalls etwas festzustellen ist, aber nichts zu verstehen.

Die Komplementärseite des Musikverstehens zur Musikpraxis faßt Christoph RICHTER (1997, Sp. 1444) zusammen:

Die reflektierende Beschäftigung soll gewährleisten, daß das Musizieren über das Technisch-Handwerkliche und Körperlich-Instrumentale hinaus dem Sinn und Gehalt der Musik (...), ihren rezeptions- und wirkungsgeschichtlichen Zusammenhängen, den Kompositionsweisen und dem Notentext gerecht wird. Diese musikbezogenen Betrachtungen übersteigend bemüht sich die Pädagogik der Musikausübung darum, die musikalischen Gegenstände in den Kontext allgemeinerer kultureller, historischer, anthropologischer Erscheinungen und Ereignisse zu stellen, um deutlich zu machen, was eine Musik darstellt oder mitteilt und wofür sie als ein Dokument oder Zeugnis verstanden werden kann.

Dazu bedarf es zunächst der inhaltlichen Differenzierung:

Verstehensbegriffe sollten (...) im Hinblick auf ihre Inhalte differenziert werden. Textinterpretation, das Verstehen einer bestimmten musikalischen Wendung, Geschichts- oder Weltverständnis, gar die Deutung des ganzen Daseins in einer einzigen Theorie zusammenfassen zu wollen, zwingt nämlich zu einem Maß an Abstraktion, das leicht in unverbindlichen Sprachformeln gipfelt. Manche Denker (...) setzen einen umfassenden Sinnbegriff voraus, der weitab zu liegen scheint von den konkreten Fragen (...) Einen solchen Sinnbegriff anzunehmen, ersetzt letztlich den Gottesbeweis. Zur Beschränkung (...) auf den konkreten Fall des Verstehens von Etwas zwingt die Befürchtung, diesen Beweis nicht leisten zu können. (DE LA MOTTE-HABER 1985, S. 20)

Des weiteren ist für den Musikunterricht ein ergiebiges Verhältnis von Verstehen und Anwendung wichtig. Soll als Musikverstehen die Summe dessen gelten, was jemand Musikalisches bzw. Musikbezogenes richtig zu tun und zu erkennen weiß, und soll ein solches Musikverständnis das Ergebnis des Musikunterrichts sein, so kann eines das andere nicht ersetzen. Vielmehr bedingt eines das andere, logisch wie schulpraktisch. Es ist daher sinnlos, musikalisches Handeln und Wissen gegeneinander auszuspielen.

Der Vorgang des Musikverstehens ist mittels verschiedener Bilder vorgestellt worden, z.B. als *Quelle – Sender – Kanal – Botschaft – Empfänger* – Modell *(ECO, S. 25)* oder als *Horizontverschmelzung* von *Subjekthorizont* (Hörer) und *Objekthorizont* (Musik) (*RAUHE/ REINECKE/RIBKE, S. 93*).

Von besonderem musikdidaktischem Interesse ist die Vorstellung der spiralförmigen Aufwärtsbewegung des Verstehens („Hermeneutischer Zirkel"):

> *Verstehen vollzieht sich in der Zirkelbewegung zwischen dem, was ich mitbringe (meinem Vorwissen, meinem Vor-Urteil, meinem eigenen Erfahrungshorizont /.../) und dem, was die Sache mitbringt: dem Horizont, innerhalb dessen sie bzw. ihr Autor die Welt zu sehen und zu deuten vermag. (RICHTER 1984, S. 9)*

Dieser Prozeß wird *als unabschließbarer, offener Weg verstanden (ebenda).*

Als exzellente Ordnungshilfe mehrstufigen Unterrichts hat Hans AEBLI (S. 323) das Modell der Stoffanordnung mithilfe eines Zylindermantels (Zylindermantel-Modell) nach Jerome S. Bruner beschrieben:

> *Auf dem Basiskreis sind die großen Themen (...) angeordnet. Über jedem Thema steigt eine Mantellinie senkrecht auf und markiert eine immer komplexere (...) Behandlung oder Betrachtung des gleichen Themas. Der Unterricht bewegt sich im Verlauf der Schuljahre als Spirale auf dem Zylindermantel und trifft immer wieder auf die gleichen grundlegenden Themen, die jedoch von zunehmend höherer Warte aus behandelt werden.*

Doppelt aktuell ist das Bild des Netzes als einer Verknüpfung von verbindlichen Punkten der Information in ästhetischer und psychologischer Beziehung.

Für die ästhetische Beziehung gilt:

Jede Geste der Kunst bezieht sich auf andere Gesten, auf Gesten innerhalb wie außerhalb der Kunst. (...) Ähnliches gilt von ganzen Kompositionsformen und Werken. (...) Kunstwerke beziehen sich immer auch auf andere Kunstwerke oder auf die Grenzen der Kunst oder das Jenseits der Kunst. (...)
Die Werke nehmen von vornherein inmitten von Sinnkontexten Gestalt an. (WELSCH 1996, S. 224)

Musik wird demnach nicht aufgenommen, ohne ihre Merkmale mit denen anderer gehörter Musik zu vergleichen, zu unterscheiden, zu klassifizieren, einzuordnen, zu beurteilen. (SCHATT, S. 68)

Für die musikpsychologische Beziehung stellt Wilfried GRUHN (1994 c, S. 295) den „Konnektionismus" vor. – Demnach funktioniert das menschliche Gehirn

als selbstorganisiertes System (...), das gleichzeitig verschiedene Informationen verarbeitet und neuronale Verarbeitungsnetze verteilt aufbaut. Wahrnehmen, Denken und Verstehen muß man sich dabei als Erregungskreis innerhalb solch neuronaler Netze (connections) vorstellen. Die Verbindungswege zwischen den Neuronen sind aber nicht genetisch festgelegt, sondern bilden sich erst in einer der jeweiligen Bedingung angepaßten Lage selbstorganisiert.
Auf diese Weise schleifen sich Wahrnehmungsspuren ein, in denen musikalische Strukturen repräsentiert werden. Verstehen im Sinne von Erkennen von etwas als etwas ist somit nichts anderes als die Aktivierung bestehender 'Spuren' im neuronalen Netz, in dem eine musikalische Erscheinung durch Erfahrung bereits repräsentiert ist. (...) Lernen von Bedeutungen bezieht sich auf die Erweiterung oder Veränderung (...) bestehender Netze.

***

An der musikalischen Wahrnehmung – als komplexer Basisleistung des Musikverstehens – sind diverse Details von einschlägigem Interesse.

Wahrnehmen, Denken und Erkennen (...) stellt man sich heute (...) so vor, daß von außen kommende Reize vielfältig untereinander ver-

knüpfte Nervenzell-Ensembles aktivieren, die parallel arbeiten und über viele Regionen des Gehirns verteilt sind (GRUHN 1995, S. 202).

Dem entspricht die Verbindung der Musik mit ihrem Kontext bzw. mit der Beziehung des einzelnen dazu:

In musikbezogener Erfahrung verbinden sich Musik und andere Tätigkeits- und Verhaltensbereiche (...). 'Musikalische Erfahrung' bildet eine Gesamtheit von ganz unterschiedlichen Erfahrungsbestandteilen. (KAISER, S. 72)

So *ist Musikwahrnehmung zugleich immer auch mit anderen Wahrnehmungen und Reizen verknüpft, die (...) in Netzen repräsentiert sind und parallel aktiviert werden können.*
(...)
Die Dichte der Vernetzung und Weite der Verteilung sind auch ein Grund dafür, daß das Hören von Musik immer mit Empfindungen, Erinnerungen, Gedanken, Assoziationen und Bildern verknüpft ist. (GRUHN 1995, S. 202f.)

Entgegen alten Vorstellungen von der „automatischen“, magischen Steuerung von Mensch und Natur durch Musik wird in der Gegenwart der Anteil des Menschen am Zustandekommen musikalischer Wahrnehmung erkannt:

Die Wahrnehmung selbst hängt von der Geschicklichkeit und der Erfahrung des Wahrnehmenden ab – davon, was er im voraus weiß (Ulric Neisser: KLEINEN, S. 41).

Jener Anteil des einzelnen Menschen an der „Konstruktion“ der Wirklichkeit ist zweifach gegeben.

Wenn wir (...) von der Konstruktivität des Wahrnehmungssystems und von der Wahrnehmung als Konstrukt sprechen, so müssen wir dabei zwei Aspekte sorgsam auseinanderhalten: (1) In einem trivialen Sinne sind alle unsere Wahrnehmungen schon allein deshalb konstruiert, weil die Prozesse und Inhalte der Wahrnehmung ihrer Natur und Beschaffenheit nach nichts mit dem Geschehen zu tun haben, das wahrgenommen wird. Die Wahrnehmung eines Baumes hat nichts mit dem 'realen' Baum gemeinsam. (...)
(2) In einem nicht-trivialen Sinn ist die Wahrnehmungswelt konstruiert, weil die Geschehnisse in der Umwelt in Elementarereignisse zerlegt und dann nach teils stammesgeschichtlich erworbenen und teils erfah-

rungsbedingten Regeln zu bedeutungshaften Wahrnehmungsinhalten neu zusammengesetzt werden. (G. ROTH, S. 231)

Diese Auffassung („Konstruktivismus") ist musikpädagogisch insofern von Bedeutung, als Musikunterricht dazu beitragen kann, die Fähigkeiten der Schüler zur „Konstruktion" ihrer musikalischen Wirklichkeit zu erweitern.

***

Entscheidend für die objektive Verbindlichkeit des musikalischen Verstehens (und damit des Musikunterrichts) ist der kulturell herstellbare Zusammenhang zwischen der erklingenden Musik und ihrer „Deutung" durch das Individuum.

Die „Tätigkeiten oder Prozesse, die man unter dem sehr weiten Begriff 'Verstehen' zusammenfaßt, sind subjektive, persönliche, psychologische Vorgänge. Aber man muß sie von ihrem (mehr oder weniger erfolgreichen) Ergebnis dieser Tätigkeit unterscheiden" (POPPER 1995 b, S. 168).

Denn jene Deutung kann nur aus dem erfolgen, was jemand als „regel"hafte (siehe oben, ROTH) Bedeutung von Musik zu verstehen gelernt hat:

Für den Zuhörer gehen aus den Regeln der Musik, die er kennt, Bedeutungen hervor, die der Konstruktion seiner Vorstellungen dienen. (DE LA MOTTE-HABER 1985, S. 122)

(Regelkenntnis muß in diesem Zusammenhang nicht verbale Regelkenntnis bedeuten.)

3.2.2 Musikdidaktisch relevante Arten des Verstehens

Vor dem Horizont musiktheoretischer, musikpsychologischer und musikpädagogischer Gegebenheiten sind folgende, in ihrem Vollzug ineinanderspielende Arten des Verstehens musikdidaktisch ergiebig und hilfreich:

a) Musikpraktisches Verstehen
b) „Erkennendes Verstehen"
c) „Ästhetisches Verstehen"
d) Verstehen durch Analogie
e) Verstehen durch Identifikation.

a) Musikpraktisches Verstehen

Kurt Blaukopf weist darauf hin, daß *zum Beispiel in den meisten afrikanischen Kulturen (...) 'Musik verstehen' nichts anderes als auf Musik in kulturell definierter Weise reagieren (BLAUKOPF, S. 4)* heißt.

Der praktische Erweis des Musikverständnisses ist auch im europäischen Kontext gängig:

> *Sagt man in der Umgangssprache, in der Relation Spieler-Hörer oder Lehrer-Schüler, ein Stück Musik sei 'verstanden' oder 'nicht verstanden' worden (...), so ist nichts anderes gemeint als ein adäquates Erfassen oder Darstellen des nicht oder nicht genau Notierten. Besteht Übereinstimmung darüber, daß das Tempo (...) angemessen ist, daß die Gliederung in Phrasen und Perioden deutlich hervortrat (...), so gilt die Musik als 'verstanden', ohne daß über ihren 'Sinn' eine verbale Äußerung notwendig gewesen wäre. (DAHLHAUS 1973, S. 38)*

Ein solches

> *Verstehen aber setzt Wissen voraus und dieses wiederum innere Repräsentationen von Erfahrungen und ihrer Bedeutung. Beim Aufbau des Wissens spielen Wissenselemente und -strukturen, die im Tätigkeitsbezug vermittelt werden, von vornherein eine wesentliche Rolle. (BECK/FRÖHLICH, S. 117)*

Demgemäß stellt Wilfried Gruhn fest:

> *Wenn nicht eine konkrete Beschäftigung und stete Übung mit musikalischen Grundformen im Singen, Spielen, Bewegen etc. stattfindet, wodurch eine 'figurale', den aktiven Vollzug abbildende Repräsentation aufgebaut wird, können sich auch keine 'formalen' Repräsentationen als Strukturen der Wahrnehmung entwickeln, die dann beim Hören aktiviert werden können. (GRUHN /RICHTER, S. 16f.)*

b) „Erkennendes Verstehen“

c) „Ästhetisches Verstehen“

Hans Heinz Eggebrecht hat diese beiden Arten des Musikverstehens vorgestellt und zusammengefaßt:

Das erkennende Verstehen ist in unserer Terminologie das begriffliche Erkennen, das das begriffslose Dasein von Musik in Richtung von Sprache bedenkt und im Medium von Sprache zur Bewußtheit erhebt. Wir hören eine Ton- oder Klangfolge; wir verstehen sie in ihrem Dasein, Wirken und Bedeuten, auch ohne sie und ihre Wirkung und Bedeutung benennen zu können oder zu wollen. Das ist das ästhetische Verstehen – ein Verstehen jenseits von Begriffen. (EGGEBRECHT, S. 117)

Er sieht beide als komplementär:

Ästhetisches und erkennendes Verstehen sind zwei verschiedene Arten, Zugangsweisen und Leistungen des Musikverstehens. In ihrer Verschiedenheit ergänzen sie sich gegenseitig (ebenda, S. 123).

d) Verstehen durch Analogie

Entsprechend ihrer komplexen Vernetzung im individuellen Bewußtsein, ist Musik auch im kulturellen Kontext vielfach verankert.

Das führt dazu, daß das musikalische Klanggeschehen für uns mit verschiedenen menschlichen Lebensphänomenen auf eine Weise zusammenstimmt, die beides als unbedingt zusammengehörig erscheinen läßt.

Dieser Umstand vermag unsere Vorstellungen, Assoziationen, Empfindungen zur Musik so zu prägen, daß daraus ein Vorwissen entsteht, durch das wir Musik dann umsomehr als einschlägig befrachtet wahrnehmen.

Der Informationsgehalt bestimmt sich (...) durch das Vorwissen, den semantischen Kontext (Bedeutungszusammenhang, A.L.), *in dem es empfangen wird. (G. ROTH, S. 94)*

Die Wahrnehmung von Musik erfolgt somit immer schon in einem semantischen Raum musikalischer Ausdrucksmodelle, der ganz allgemeine und jedermann verfügbare Grundstrukturen enthält. Diese

Grundstrukturen beruhen auf allgemeinen Erfahrungen und der Kenntnis spezifischer Äußerungsmuster innerhalb eines kulturellen Systems: exaltierte Freude wird mit größeren Bewegungen, Trauer mit langsamem Tempo verbunden, Angst führt zu engen, nach innen gezogenen Bewegungen, Erstaunen bringt Öffnung und Weite etc. Mitglieder der gleichen kulturellen Tradition verfügen daher über die gleichen affektiven Gesten und Äußerungsformen und haben damit unmittelbaren Zugang zu deren Entsprechungen in der Musik, die diese Muster und Gesten nachbildet (...). Innerhalb desselben kulturellen Systems sind die musikalischen Ausdrucksmodelle von relativer Konstanz (...) Das Verstehen der musikalischen Ausdrucksmodelle ist aber soziokulturell vermittelt; es beruht auf der Vertrautheit mit den außermusikalischen Äußerungsformen und Verhaltensweisen, die die Äußerung der Affekte und Stimmungen begleiten. (GRUHN 1989, S. 43f.)

Über die Rückkoppelung der Musik an andere Lebensphänomene kann Musik entsprechend gedeutet und „verstanden" werden.

Solche Entsprechungen/Parallelen/Übereinstimmungen („Analogien") bestehen etwa zwischen Musik und

- Bewegung (motorisch; gestisch-szenisch; tänzerisch)
- Handlung (Handlungsrahmen/Situation; Handlungsverlauf/Geschehen)
- Sprache (Sprachmelodie, Tonfall, Wortklang; Vers, Prosa; dramatisch, lyrisch...)
- Bild/Raum (Punkte, Linien, Flächen, Räume; hell-dunkel; Farben; nah-fern; bewegte Bilder, Video...).

Analogien sind die objektive Voraussetzung für die musikdidaktische Praxisform „Umsetzen" und für den entsprechenden Anteil an den anderen Praxisformen. (Siehe 4.4)

Gegen ein Überwuchern des Musikverständnisses durch didaktische Fixierung auf programmatisches Deuten von Musik in der „poetischen" Tradition des XIX. Jahrhunderts – sodaß das dienliche Hilfsmittel zum Hauptzweck wird – sind berechtigte Einwände erhoben worden. Denn es

führt die Veranschaulichung musikalischer Verläufe und Geschehnisse insbesondere durch poetisierende Worte (...) nicht notwendig näher an die Sache heran, sondern kann genau so von ihr ablenken. Die Visualisierungen und Verbalisierungen durch (...) programmusikalische Erklärungen aller Musik, sei es im Musikunterricht, sei es auf anderen Kanälen der musikalischen Instruktion (...), legen sich auf die Musik, ohne daß damit gesichert wäre, daß zum Verständnis der Klänge und ihrer Verbindungen tatsächlich beigetragen oder der Sinn der musikalischen Verläufe aufgeschlüsselt wäre. (RIETHMÜLLER, S. 27f.)

Andererseits sind Äußerungen zur Musik notwendig *auf Metaphern und Metaphorik angewiesen, weil diese die Säulen des Symbolsystems sind, mit dem unsere Wahrnehmung arbeitet. (KLEINEN, S. 19)*

Diese Notwendigkeit darf für die Musikdidaktik nicht als Notlösung geringgeschätzt werden, ist doch *die Metapher ein Modus des Denkens, der unseren alltäglichen Sprachgebrauch durchdringt und eigene Erkenntniswege eröffnet (ebenda, S. 63f.)* – worauf schon Aristoteles hingewiesen hat (siehe HENCKMANN/LOTTER, S. 162).

Daß alle Musik gegenüber ihren „Analogien“ – und alle Analogie gegenüber Musik – Spielräume offenläßt, sodaß jegliches Musikverstehen durch Analogie in einem gewissen Grad vage bleiben muß, liegt in der Natur der Sache; Analogie ist nicht Identität.

e) Verstehen durch Identifikation

Bezeichnet man das Verstehen durch Analogie als kulturell geprägte „Einfühlung“, das präzise Nachvollziehen und Wiedererkennen von musikalischen Einzelheiten bzw. von stringenten, nicht-zufälligen Zusammenhängen dagegen als „Identifikation“, so gilt:

Verstehen basiert zugleich auf Einfühlung und Identifikation; es setzt Nachvollzug und Erleben voraus. (DE LA MOTTE-HABER 1985, S. 20)

Mit „Identifikation“ ist die Präzisierung des Musikverstehens *von etwas als etwas (GRUHN 1995, S. 200)* gemeint.

Demnach kann man eine bestimmte Musik nicht „überhaupt“ verstehen, sondern nur in bestimmter Hinsicht, z.B.

- den Refrain eines Liedes als Refrain

- ein „Lautenpräludium“ für Klavier als Übertragung lautentypischer Akkordzerlegung auf entsprechende Tasteninstrumente
- einen instrumentalen Tanzsatz als musikalische Folie eines Tanzes (bzw. als deren Weiterentwicklung)
- Parodie im Verhältnis zu dem, was parodiert wird
- usw.

In dem Maße, wie Einzelheiten im Zusammenhang und in der Beziehung zueinander klar werden, kann (...) Verstehen aufgebaut werden (GRUHN 1989, S. 20).

In welcher Hinsicht kann ein Musikstück durch Identifikation verstanden werden?

♦ In „innermusikalischer“ Hinsicht. – Diese Möglichkeit besteht für
  - die Beziehung bestimmter musikalischer Komponenten eines Musikstückes zueinander („werkimmanent“), z.B. Variation eines Themas
  - die Beziehung bestimmter Elemente eines Musikstückes zu ebensolchen Elementen anderer Musikstücke („musikimmanent“), z.B. musikalische „Anspielungen“ (Zitat, Nachahmung stilistischer Eigenheiten usw.)
  - die Zuordnung bestimmter Elemente eines Musikstückes zur entsprechenden Klasse von musikalischen Elementen („systematisch“), z.B. Zugehörigkeit eines Musikstückes zu einem bestimmten Typ von Musik (nach Material, Gattung, Form, Besetzung usw.)
  - die historisch-stilistische Zuordnung.

♦ In „außermusikalischer“ Hinsicht – aus seinen „außermusikalischen“ Elementen und Bezügen (= aus dem, was die betreffende Musik entsprechend ihrem kulturellen Kontext über das Klanggeschehen hinaus repräsentiert: *Musiktranszendente Repräsentationen – BRANDSTÄTTER, S. 37).*

Außermusikalische Elemente der Musik können im Prinzip alle Elemente der dem Menschen real oder fiktiv zugänglichen außermusikalischen Wirklichkeit sein; doch sind für bestimmte Kulturen bzw. Teilkulturen spezifische Affinitäten zwischen einer charakteristischen Menge außermusikalischer Elemente und entsprechenden musikalischen Phänomenen feststellbar, z.B. Affinitäten zwischen der Rhetorik antik-mittelalterlicher Herkunft und dem Repertoire kompositorischer Gestaltungsmöglichkeiten der europäischen Kunstmusik in der Barockzeit (bzw. davor und danach – siehe KRONES, Sp. 815).

3.3 Gegenwart der aktuellen Kultur

Als „aktuelle Kultur" wird im folgenden die moderne Kultur am Ende des 20. Jahrhunderts verstanden – die städtisch/global inspirierte, der breiten Öffentlichkeit prinzipiell zugängliche, pluralistische Kultur westlicher Demokratien der Gegenwart.

3.3.1 Aktualität als musikpädagogisches Problem

Zu den Hauptfaktoren seiner sachlichen Komplexität gehört *das vor allem den Musikunterricht betreffende Problem der Aktualität (MEISSNER, S. 5).*

Das Verhältnis zur modernen Kultur war für die Musikpädagogik des 20. Jahrhunderts konstitutiv – in einem ambivalenten Gemenge aus Nähe und Distanz.

Anfangs war jene Kultur als bürgerliche „Zivilisation" ein Feindbild der frühen Jugendbewegung (siehe HEPP, S. 7); in der zweiten Jahrhunderthälfte gab vor allem die starke Präsenz jugendkultureller Musik- und Lebensstile sowie die Dominanz der Audio- und Videomedien vielfachen Anstoß, ältere musikpädagogische Positionen in Zweifel zu ziehen und nach einem sinnvollen Verhältnis zwischen Musikunterricht und neuer musikalisch-kultureller Realität zu suchen.

> *Die heutige Musikpädagogik befindet sich in einer fruchtbaren Phase der Irritation. (SCHÜTZ 1991, S. 182)*

Daß der kulturelle Realismus sich bis heute nicht als musikpädagogische Einheitswährung durchgesetzt hat, zeigt *die geringe Wirklichkeitsorientierung des Musikunterrichts. Statt an die Musikerfahrungen der Kinder und Jugendlichen anzuknüpfen, werden nicht selten durch pädagogische Manipulationen wirklichkeitsfremde Beziehungen zwischen dem 'Objekt' Musik und dem 'Subjekt' Schüler hergestellt. (SCHMITT, S. 12)*

Die Wirklichkeit und Wirksamkeit der aktuellen Kultur ist jedoch für den Musikunterricht nicht wählbar oder abwählbar, sondern gehört durch die Allgegenwart dieser Kultur, durch die am Unterricht beteiligten Personen, durch deren kulturelle Sozialisation und ihr kulturelles Verhalten jedenfalls zur mentalen Realität dieses Unterrichts.

Daher kann dem aktuellen Musikunterricht die traditionelle Alternative von Schule und Welt –

Die einen sagen, die Schule müsse der Lebens- und Erfahrungswelt der Jugendlichen ähnlicher werden (...). Dem halten nicht wenige entgegen, daß gerade angesichts des Wandels der Lebenswelten (...) die Schule zur bewußt gestalteten Gegenwelt werden müsse. (TILLMANN, S. 105)

– nicht gerecht werden.

Schüler haben längst begriffen, daß bloße Umtriebigkeit, 'Aktivismus', 'Initiativen' auf Schulhöfen (...) wenig auf das reale Leben vorbereiten können.
Der Schüler verlangt Ergebnisse (...), Perspektiven, Orientierungen mit Zukunft, vor allem aber (...) keine auf das Labor Schule beschränkten Sonderwirklichkeiten. Schüler sind sich bewußt, daß ein Bildungsapparat ein Anschlag auf das individuelle Zeitbudget sein kann. (KINSKY-WEINFURTER o.J., S. 16)

Eine solche Aussicht legt für den Musikunterricht den Ersatz jener Alternative durch eine aktuelle Differenzierung des Verhältnisses von schulischer und außerschulischer Realität nahe. Eine entsprechende Palette umfaßt (alphabetisch) die Möglichkeiten:

- Erweiterung
- Ergänzung
- Kritische Distanz
- Kontrapunkt
- Miteinander

- Nebeneinander
- Partielle Identität
- Produktive Distanz
- Vertiefung.

3.3.2 Momente der aktuellen Kultur

Da die Weite der aktuellen Kultur auf engem Raum nicht hinreichend zu umreißen ist, sollen im folgenden einige Voraussetzungen und Merkmale dieser Kultur im Hinblick auf allgemeinen Musikunterricht angedeutet werden.

3.3.2.1 Einige Voraussetzungen für den Musikunterricht

> Im *Gegensatz zu archaischen Gesellschaften ist die Einheitlichkeit von Sozialstruktur und Weltauffassung in der Gegenwartsgesellschaft vielfach gebrochen; sie stellt sich nicht her über die Einheitlichkeit von Arbeits- und Lebensprozeß und die Geschlossenheit religiöser oder magischer Weltauslegungen, sondern muß 'künstlich' fundiert werden (durch Lehren, Überzeugen usw.) (SCHÄFERS, S. 108).*

Dem entsprechend beschreibt Gerhard Schulze ein altes und ein neues „Muster".

> *Das alte Muster*
> *Bis ins 20. Jahrhundert hinein war der Aufbau von Existenzformen weitgehend situationsbestimmt. Es herrschte der Modus des Begrenzens. Die Menschen wurden in sozioökonomische Lagen hineingeboren, die den Möglichkeitsraum definierten, und sie befanden sich an einem Ort, der die Kontaktmöglichkeiten limitierte, umgeben von anderen, denen sie nur schwer ausweichen konnten (...)*
>
> *Das neue Muster (...)*
> *Zentrales Charakteristikum des neuen Musters ist der Modus des Wählens. Quer durch die Lebensbereiche substituiert er allmählich die Modi des Begrenzens und Einwirkens: Ernährung, Kleidung, Wohnung, Haushaltsstruktur, Sexualität, Verwandtschaftsgruppe, Freunde und Bekannte, Szenen, Erlebnisangebote, Information, Transport, Religion, Bildung, Beruf, Lebensraum. (SCHULZE, S. 204 und 207)*

Das gilt freilich nur bedingt; denn z.B.

im Freizeit- und Konsumbereich ist jeder willkommen und gleichgestellt, der Arbeitsbereich wahrt Hierarchien, Positionen und Abhängigkeiten (BAACKE 1993 a, S. 190).

Demnach kann Schule in Einzelheiten dem „neuen" Muster zugerechnet werden (nämlich dort, wo Wahlmöglichkeiten vorgesehen sind); im übrigen entstammt und entspricht sie, aus naheliegenden Gründen, weitgehend der Tradition des „alten" Musters.

Musikunterricht hat darin allerdings einen Sonderstatus, insofern sein Gegenstand außerhalb der Schule generell unter das Muster des Wählens fällt. – Im Brennpunkt der musikpädagogischen Problematik von obligatem Musikunterricht nach der Kindheit steht daher die Frage: In welchem Verhältnis zueinander stehen dort das alte Muster der Vorgabe bestimmter Arten sowie bestimmter Behandlung von Musik und das neue Muster der persönlichen ästhetischen Präferenzen in der aktuellen Kultur?

Der Modus des Wählens gilt nicht gegenüber der aktuellen Kultur selbst: diese ist als solche heute nicht wählbar, sondern gegeben. (Siehe 3.3.1)

Musikunterricht kann demnach dadurch legitimiert werden, daß er in essentielle Details der modernen Kultur verbindlich einführt, insofern solche Details außerhalb der Schule für die Heranwachsenden nicht erreichbar bzw. erlernbar sind – *denn die Schulerfahrung soll Wege des Verstehens eröffnen, die im Alltagsleben nicht zur Verfügung stehen (OELKERS, S. 215).*

(Soweit es sich dabei um Unterricht als Weg zum Verstehen handelt, kann eine – Lehrer wie Schüler entlastende – Einschränkung gemacht werden:

Die Initiation in verschiedene Wissensformen mag die Tiefe und Breite des jeweiligen Verstehens verbessern, aber daraus ergibt sich kein allgemeines 'Verstehen', das 'breit' und 'tief' wäre. Selbst wer /.../ weder spezialistisch noch flach denkt, muß die Welt nicht besser verstehen als der ungebildete Laie. /.../ Die höhere Bildung betrifft bestimmte Kompetenzen, aber nicht den Menschen an sich, denn daß Bildung korrumpiert, ist nie auszuschließen. Über die moralische Wirklichkeit hat die Bildung zum Glück keine Verfügung. – Ebenda, S. 217f.)

Im weiteren ist die aktuelle Kultur – als stetig erbrachte, pluralistische Leistung – nicht selbstverständlich.

Kulturorientierter Unterricht kann demnach speziell damit begründet werden, daß Kultur – wie ihre materiellen und ideellen Bedingungen – immer neu zu schaffen, anzuregen und abzusichern ist.

Kultur ist nicht etwas, das einfach wächst, das wir den Dingen einfach entnehmen, das auch ohne uns ist, sondern etwas, das wir herstellen, machen, tun. (MITTELSTRASS, S. 19)

Sie wird nicht exklusiv von den (nach altem DDR-Jargon so genannten) „Kulturschaffenden" hervorgebracht; sie wird vielmehr arbeitsteilig von allen, die ihr zugehören, durch die Akte der Produktion, der Reproduktion, des Lernens, des Anwendens, Benützens und Konsumierens „geschaffen" und erhalten.

Im günstigen Fall kann der Musikunterricht einen Beitrag dazu leisten.

Seit den 1970er Jahren sind im pädagogischen Diskurs die nützlichen Grenzen der Schule immer wieder zur Sprache gebracht worden, etwa im realistischen Ansatz:

Der Auftrag an die Schule wird leicht zum Alibi für die Erwachsenen, die zur eigenen Lösung nicht willens oder fähig sind (...) und das Problem via Schule an die nächste Generation abschieben.
(...)
Die Schule darf sich nicht überladen lassen und nicht selbst überfordern. (...) Nicht in der Erziehung 'zu...', sondern in der Erziehung 'in' konkreten Situationen und 'an' konkreten Aufgaben erfüllt sie ihren Erziehungsauftrag (GLÖCKEL, S. 272f.).

Indessen gibt es eine allgemeine Tendenz zur Pädagogisierung der Gesellschaft.

Hans Albrecht Hesse hat diese Tendenz als Wandel vom Rechtsstaat über den Wohlfahrtsstaat zum „Schutzstaat" beschrieben.

Damit,

soweit der Staat als Schutzstaat verstanden wird, verschiebt sich die Leitvorstellung vom Menschen, auf den hin Recht gemacht und angewandt wird (...). Weder der handelnde noch der handlungsfähig zu machende Mensch stehen im Mittelpunkt schutzstaatlicher Politik. (...)

Der Mensch wird im Hinblick auf negativ bewertete, 'schädliche' Folgen seiner bzw. fremder Lebensführung zu einer neuen Zielfigur staatlicher Politik: der Schutz vor solchen Folgen bestimmt die Politik. (...) Müssen aber diejenigen zu ihrem Glück gezwungen werden, denen es an 'richtiger' Glückserkenntnis mangelt? (...) Längst (...) hat der Staat als Erzieher sich vom Schulkontext freigemacht; der Schutzstaat sieht alle Bürger als Schützlinge, sorgt sich für alle um Schadensabwehr und -vermeidung, vermittelt allen auf sanfte Weise die ihm richtig erscheinenden Konzepte. (...) Ein Trend zum Totalitären ist in diesem Gemenge angelegt; was als richtig erkannt ist, soll für alle richtig werden. (H.A. HESSE, S. 21, 184, 186f.)

Wie weit diese Tendenz generell Folgen zeitigt, kann hier nicht überprüft werden; für die alte Ideologie der Musikerziehung sind jedoch einschlägige Aufträge zur direkten Steuerung durch Musik/unterricht typisch (siehe 4.2).

Dazu gehört der Auftrag zur psychischen, sozialen und ethischen Indienstnahme des Musikunterrichts, zur Bewahrung der Schüler vor bestimmter Art (und vor „negativen Einflüssen") von Musik, zur moralischen Verbesserung der Schüler durch kulturpolitisch vorsortierte Musik usw.

Der Unterschied zwischen dieser instrumentellen, ideologischen Ausrichtung des Musikunterrichts (Einsatz der Musik zur erzieherischen Intervention) und der autonomen, realistischen Auffassung (Wert des Musikunterrichts in der Auseinandersetzung der Schüler mit Musik und mit ihrem kulturellen Kontext) wird aus politisch-gesellschaftlicher Perspektive deutlich. Aus dieser Sicht erweist er sich als Unterschied zwischen vormoderner und moderner Gesellschaft.

Am ehesten ist Moderne mit jener umfassenden gesellschaftlichen und geistigen Bewegung zu assoziieren, die zu Beginn der Neuzeit in Europa einsetzt. Das Kernstück (...) ist der Verlust der religiös fundierten Heilsgewißheit und die dadurch erzwungene radikale Neubestimmung des menschlichen Selbstverständnisses. Erstmals wird die Zukunft als prinzipiell offen, aber auch als kontingent (ungewiß, A.L.) *erfahren. (HENCKMANN/LOTTER, S. 167)*

Die für den aktuellen Musikunterricht entscheidende Frage ist daraufhin die Frage nach dem Selbstverständnis des Musikunterrichts als Unternehmen in der Moderne – nicht vor, neben oder trotz ihr.

Für den Musikunterricht bekommt die moderne Kultur des 20. Jahrhunderts und das musikpädagogische Verhältnis zu ihr spezifische Aktualität dadurch, daß diese Kultur mehrfach durch „Jugend" bestimmt ist, ideell wie materiell.

Jugend und Jugendlichkeit bestimmen als Mythos (...) die Sozial- und Kulturgeschichte dieses zuende gehenden Jahrhunderts in erheblichem Maße (...) 'Jugendmythen haben die politischen Umbrüche des 20. Jahrhunderts mitbestimmt und der jeweiligen Attacke gegen Tradition und Macht die Aura des Elementaren, Neuen, Niegehabten verschafft' (F. Trommler /.../)
(...) Am jetzigen fin de siècle sind Jugend und Jugendlichkeit etablierte Sozial- und Kulturerscheinungen (SCHÄFERS, S. 219f.).

Darüber hinaus existiert eine eigene „Jugendkultur":

Jugendkultur meint im Hinblick auf den allgemeinen Kulturbegriff, daß hier spezifische Inhalte und Formen der materiellen, vor allem aber der geistigen Kultur ausgebildet werden: als Ausdruck von Eigenständigkeit, einem eigenen Lebensgefühl und eigenen Werthaltungen. (Ebenda, S. 177)

Da sich diese tonangebende (Teil-) Kultur vor allem auch musikalisch definiert und formt, ist sie in ihrem steten Wandel ein besonderer Gegenstand musikpädagogischen Interesses.

Die außerordentliche Dynamik der – musikalischen – Jugendkulturen ist (...) ein wichtiges Kennzeichen unseres Jahrhunderts, das vor allem die (Musik-) Pädagogen vor erhebliche Probleme stellt. (BEHNE 1996, S. 8)

Dabei darf (ehemals) jugendspezifische Musik nicht generell der engeren „Jugendkultur" zugerechnet werden; vielmehr gilt für populäre bzw. Pop/Rockmusik:

Bereits Ende der 70er Jahre dominierte die populäre Musik mit über 88 % den Schallplattenmarkt der Bundesrepublik, gegenwärtig liegt ihr Umsatzanteil in Deutschland bei ca. 90 % mit steigender Tendenz.(...)
Pop/Rockmusik ist längst keine jugendspezifische Musik mehr. Statistisch gesehen wird sie heute von 8jährigen genau so intensiv gehört und präferiert (bevorzugt, A.L.) *wie von der Generation der 40jährigen. (In diesen Zusammenhang gehört der Hinweis, daß es 'Jugend' als zeitlich begrenzten Lebensabschnitt fast nicht mehr gibt, da die Konsumgesellschaft heute gezielt bei Erwachsenen Verhaltensweisen befördert oder produziert, die einst für Jugendliche typisch waren.) (SCHÜTZ 1995, S. 265)*

3.3.2.2 *Einige Merkmale der aktuellen Kultur*

Als wesentliche Merkmale der aktuellen Kultur können – vor allem nach Hermann Lübbe und Gerhard Schulze –folgende Eigenheiten gelten:

a) Pluralität (als faktische und prinzipielle Vielfalt)
b) Innovation; Tradition
c) Gleichzeitigkeit des Ungleichzeitigen
d) Informationsexplosion; Informationsimplosion
e) Zeitverknappung; Zeitgewinn
f) Erlebnisorientierung
g) Singularität; Gemeinsamkeit
h) Unsicherheit, Enttäuschung, Desorientierung
i) Expansion der Kunst
j) Mediamorphose.

a) Pluralität

Die gegebene Allgegenwart (Ubiquität) der Musik – die Tatsache, daß Musik hier und heute prinzipiell überall und jederzeit vorhanden bzw. abrufbar ist – zeigt am Beispiel einer aktuellen Leitkunst die faktische *Vermehrung der Möglichkeiten (SCHULZE, S. 56).*

> *Wichtigste Kategorie, um die Erweiterung des Möglichkeitsraumes zu beschreiben, ist das Angebot. Inzwischen sind auch entlegene Bereiche des Alltagslebens als Marktnische ausgespäht und von Offerten umstellt. (...)*
> *Mit dem Steigen der Angebotsflut ist auch die Nachfragekapazität gewachsen (...) – was gestern den Upper Ten vorbehalten war, wird heute zum Standard der sozioökonomischen Mittellage (...)*
> *Es ist normal geworden, die individuelle Verfügungsgewalt über Güter und Dienstleistungen ausschließlich als Resultat von Angeboten einerseits und persönlicher Nachfragekapazität andererseits zu begreifen. Zugänglichkeit ist kaum noch ein Problem. Der Türsteher vor der Diskothek ist der letzte Gruß aus dem Mittelalter, wo freier Austausch durch geschriebene und ungeschriebene ständische Regeln, Zunftordnungen und feudale Hindernisse blockiert war. (Ebenda, S. 56f.)*

Die prinzipielle Zugänglichkeit wird exemplarisch an der gegenwärtigen Fülle von Radio- und Videokanälen anschaulich, z.B. im Angebot von *Music Choice Europe (TV-Media, Nr. 37A/1997, S. 14).* Dieses umfaßt *50 Kanäle von Jazz über Pop bis Oper. 24 Stunden am Tag (ebenda);* darin sind allein 6 Kanäle für verschiedene Stilarten der Rockmusik eingerichtet.

Pluralismus als ideelle Basis für die Pluralität des Angebotes und ihre Nutzung ist an eine pädagogisch relevante Bedingung gebunden:

> *Der Pluralismus moderner Kultur setzt in seiner weit über die Kunstszene hinausreichenden Bedeutung (...) strikte Geltung jener einheitsstiftenden Normen moderner Bürger- und Menschenrechte voraus, deren Sinn ist, allgemeinverbindlich jene Lebensbereiche auszugrenzen, in bezug auf die wir nicht wollen können, daß über sie inhaltlich gemeinverbindlich entschieden würde. (LÜBBE, S. 124)*

Diese Normen und die Ausgrenzung freier Lebensbereiche aus dem Zugriff staatlichen Reglements gelten aber nur, solange die moderne Offenheit der Gesellschaft tatsächlich gegeben und ihre Chancen realisierbar sind; zu klären bleibt, was junge Menschen dafür im schulischen Unterricht tatsächlich lernen können (siehe 3.3.3.1).

b) Innovation; Tradition

Es ist ein hinderliches Vorurteil, daß die Orientierung an der aktuellen Kultur mit der Verabsolutierung des Tagesaktuellen (Stichwort „Hitparade") identisch sein müsse – ein Vorurteil aus den fernen Tagen der Avantgarde im 20. Jahrhundert.

> *Der museumsstürmerische Gestus der inzwischen veralteten Avantgarde beruhte (...) auf einem Selbstmißverständnis. Je moderner die Zeiten sind und je mehr wir in modernen Zeiten das Moderne schätzen, um so mehr gewinnt zugleich an Geltung, was wir nicht seiner aktuellen Modernität wegen, vielmehr dauerhaft zu schätzen vermögen. Wahr ist freilich, daß (...) auch die Klassik immer jünger wird. Längst gibt es eine 'klassische Moderne' (...) (ebenda, S. 117)*

Die kulturelle Bedeutung klassischer, das heißt (...) alterungsresistenter Bestände nimmt mit der Dynamik zivilisatorischer Evolutionen zu und nicht etwa ab (ebenda, S. 280).

Entscheidend für die aktuelle Begründung von Musikunterricht ist demnach nicht die Frage, ob Tradition Inhalt dieses Unterrichtes sein soll – eine mit Blick auf die gegenwärtige Innovationsgeschwindigkeit sinnlose Frage – sondern die Frage, welche Traditionen das sein sollen.

c) Gleichzeitigkeit des Ungleichzeitigen

Seit dem Historismus im XIX. Jahrhundert mit seiner breiten Wiederbelebung älterer Stile in den Künsten ist das Nebeneinander und Miteinander historisch heterogener Elemente für die ästhetische Produktion der modernen Welt charakteristisch.

Gleichzeitigkeit des Ungleichzeitigen bedeutet

- im Maßstab der musikalischen Produkte z.B. *Hybridisierung musikalischer Praktiken (BLAUKOPF, S. 276)*, das heißt Stilkreuzung und Stilmischung
- im interkulturellen Maßstab z.B. *Akkulturation (die Übernahme fremder Instrumente, die Veränderung der Sing- und Spielweisen, der musikalischen Sprache oder gar der Tonsysteme) (ebenda, S. 280)*
- im innerkulturellen, individuellen Maßstab:
  In einer dynamischen Kultur sind Pluralisierungstendenzen nicht zuletzt Tendenzen unterschiedlicher historischer Präferenzen. Die Individuen gewinnen die Freiheit, sich über das, was up-to-date sei, ihr eigenes Urteil zu bilden. Die Freiheit, überhaupt nicht up-to-date sein zu wollen, ist auch jedermann unbenommen (...) Mit der Modernität, das heißt mit der Dynamik und Komplexität unserer gesellschaftlichen Lebensverhältnisse nimmt die historische Ungleichzeitigkeit chronologisch simultan existierender (gleichzeitig lebender, A.L.) *Individuen zu. (LÜBBE, S. 211)*

d) Informationsexplosion; Informationsimplosion

Obwohl die Einrichtung allgemeinbildenden Unterrichts *angesichts der großen Veränderungen im Wissen und Können, in Staat, Gesellschaft und Wirtschaft (DOLCH, S. 357)* schon im Lauf des XIX. Jahrhunderts ein akutes didaktisches Problem geworden war, ist heute weder ausgemacht, daß die steigende Informationsflut ein Problem wäre, welches pädagogisch wie auch immer „gelöst" werden könnte, noch ist abzusehen, daß die gegenwärtige Informationsflut Allgemeinbildung unmöglich und überflüssig machen würde (siehe 2.4.3 b).

Die praktischen Folgen der Informationsexplosion scheinen dagegen auch von (musik)-pädagogischer Verbindlichkeit zu sein:

> *Die Informationsnetze, die uns in modernen Gesellschaften zusammenbinden, verdichten sich rasch. (...)*
> *Wir werden wie nie zuvor an den Hervorbringungen der Weltkultur partizipieren. Unsere kulturellen Lebensformen werden regional hochdifferenziert und individualisiert sein. Durch historisch beispiellos reiche Partizipationschancen finden wir uns in nie gekannter Weise zu Eigenaktivitäten herausgefordert, und in Abhängigkeit von unseren Aktivitäten werden die individuellen Kulturpartizipationsniveaus immer weiter auseinanderdriften. (Hermann Lübbe im Interview mit Monika Czernin: Die Presse vom 19. Januar 1996, S. 6)*

Didaktisch relevant ist auch das Pendant zur Informationsexplosion, die „Informationsimplosion":

> *Komplementär zur Informationsexplosion laufen Datenverdichtungsvorgänge ab. Um etwas grundsätzlich Neues handelt es sich dabei freilich nicht. Studenten haben immer schon lernen müssen, Texte zu kürzen. Das kann bedeuten, Überflüssiges wegzulassen. Häufiger bedeutet es, dasselbe (...) kürzer zu sagen. (LÜBBE, S. 236)*

e) Zeitverknappung; Zeitgewinn

So wie auf die Quantität der gegenwärtigen Informationsprozesse nicht allein das Bild einer „Explosion" zutrifft, so falsch ist die einseitige Vorstellung vom Zeitraub durch die Mächte der modernen Zivilisation.

Der (...) modernitätsspezifischen Zeitverknappung ist eine Freisetzung notwendigkeitsentlasteter Lebenszeit komplementär. (Ebenda, S. 22)

Zeitverknappung und Zeitgewinn ergänzen einander.

Die Herausforderung lautet, aus der Freiheit, als die uns der Gewinn an disponibler (verfügbarer, A.L.) *Lebenszeit zufällt, Sinn, Lebenssinn zu generieren, nämlich durch Selbstbestimmung zu sinnvollem Tun. Generell läßt sich sagen, daß unsere Zivilisationsgenossenschaft in Reaktion auf die Herausforderungen eines historisch beispiellos angewachsenen berufspflichtentlasteten Lebenszeitanteils sich als überaus schöpferisch erwiesen hat. Statt uns unserer 'Eigenzeit' zu berauben, hat uns die moderne Zivilisation zeitsouverän gemacht. (Ebenda, S. 21)*

f) Erlebnisorientierung

Für die subjektive Seite der Zeitnutzung stellt SCHULZE (S. 37) fest:

Der kleinste gemeinsame Nenner von Lebensauffassungen in unserer Gesellschaft ist die Gestaltungsidee eines schönen, interessanten, subjektiv als lohnend empfundenen Lebens.

Darin sieht er die kulturelle Einheit der von ihm 1992 beschriebenen „Erlebnisgesellschaft".

Schulze konkretisiert und modifiziert seinen empirisch untermauerten Befund auf vielfältige Weise.

Die Zunahme der Erlebnisorientierung hat verschiedene Aspekte: Erstens ist eine soziale Expansion der Erlebnisorientierung von wenigen privilegierten Schichten (Adel und Großbürgertum) auf immer größere Teile der Bevölkerung festzustellen. Zweitens beansprucht erlebnisorientiertes Handeln einen immer größeren Anteil am individuellen Zeitbudget. Drittens dringt Erlebnisorientierung in immer mehr Bereiche des Alltagslebens vor. (...) Enge Sozialbeziehungen, die Wohnung, der tägliche Konsum, die Bewegung durch den Raum, Körper und Psyche werden zunehmend mit Erlebnisansprüchen besetzt. Viertens schließlich hat der Aufstieg der Erlebnisorientierung auch eine psychische Dimension: Erlebnisansprüche wandern von der Peripherie ins Zentrum der persönlichen Werte; sie werden zum Maßstab über Wert und Unwert des Lebens schlechthin und definieren den Sinn des Lebens. (Ebenda, S. 59)

Da es der Musikunterricht durch seinen Gegenstand mit Erlebnissen zu tun hat und die *Ästhetisierung des Alltagslebens (ebenda, S. 38)* zum Programm der Erlebnisgesellschaft gehört, sind deren kulturelle Tendenzen von speziellem musikpädagogischem Interesse, auch wenn sie von Schulze mehrfach revidiert werden:

> *Es gab und gibt Gesellschaften mit anderen Selbstverständlichkeiten: Leben als Überleben; Leben als Dienen, Pflicht, Selbstaufopferung; Leben als Existenz mit metaphysischem Bezug. Bei solchen Lebensauffassungen ergeben sich schöne Erlebnisse allenfalls als Nebeneffekt, ohne zentrales Lebensziel zu sein. 'Erlebnisrationalität' bringt eine Besonderheit unserer Gesellschaft auf den Begriff. (Ebenda, S. 40)*
>
> Auch *ist Erlebnisorientierung als graduelles Phänomen zu betrachten (...) sie entfaltet sich erst in einer Folge von Situationen. Der Anteil überwiegend erlebnisorientierter Handlungen am gesamten Handeln eines Menschen in einem gegebenen Zeitabschnitt kann theoretisch zwischen null und hundert Prozent schwanken. (Ebenda, S. 41)*

g) Singularität; Gemeinsamkeit

> Das *gegenwärtige Gesellschaftssystem schreibt nicht (mehr) vor, wer man ist oder zu sein hat (wie in archaischen oder ständischen Gesellschaften), sondern ermöglicht vielfältige Wege der persönlichen Entwicklung (erst in solchen Gesellschaften können überhaupt Identitätsprobleme entstehen) (SCHÄFERS, S. 108)*

Daher ist die Frage nach dem Verhältnis des Individuums zur Gesellschaft (die Bestimmung der „sozialen Identität" des einzelnen und ihrer „Entwicklung") ein zentrales Thema der Moderne, und es sind verschiedene „Leitbilder" als idealtypische Antworten auf jene Frage gefunden worden.

> Der *Erlebnismarkt orientiert sich am Leitbild gewöhnlicher Individualität. Man will sich von der Masse abheben und sucht doch ihren Schutz. Jeder findet sein eigenes Mischungsverhältnis zwischen Individualität und Kollektivität. (SCHULZE, S. 119)*

Die Differenzierung dieses Verhältnisses zeigt sich nach Schulze in *fünf Aspekten der Alltagsästhetik:*

erstens Standardisierung von Erlebnisangeboten, zweitens Auszeichnung alltagsästhetischer Episoden als individuell, drittens Singularisierung, viertens kollektive Schematisierung und fünftens Typisierung. (Ebenda)

In deren Mischung spielen ihm zufolge mehrere Komponenten zusammen:

- identisch gestaltete Fertigprodukte, die dennoch als Zeichen persönlicher Individualität und als Zeugnisse subjektiver Erlebnisse aufgefaßt werden (*Trotz der Massenhaftigkeit des Artikels wird dieser als Metapher für Individualität offeriert und akzeptiert. – Ebenda*)
- subjektive Veränderungen genormten Rohmaterials zu etwas Individuellem *(Mitbrummen und den Takt schlagen zur Musik, Konfektionskleidung abändern, Aufkleber und Grafitti anbringen /.../ kann Ausdruck einer äußeren Singularisierung sein, die Massenware in Originale umformt. – Ebenda, S. 120)*
- kollektive Übereinstimmung in der symbolischen Zuordnung bestimmter Kulturphänomene *(Die Operette paßt zum Dirndl, die Enzyklopädie zum Orgelkonzert – ebenda, S. 121).*

Für die Übereinstimmung bzw. Zusammengehörigkeit ästhetischer Phänomene, für die Gesamtheit charakteristischer Details bestimmter Produkte (z.B. Musikstücke) und Lebensformen gibt es einen Begriff: Stil.

Als Stil sei (...) die Gesamtheit der Wiederholungstendenzen in den alltagsästhetischen Episoden eines Menschen definiert. (...) Stil schließt sowohl die Zeichenebene alltagsästhetischer Episoden ein (Kleidung, Mobiliar, besuchte Veranstaltungen, Fernsehinhalte usw.) als auch die Bedeutungsebene (ebenda, S. 103).

Eine zweite Grundkategorie alltagskultureller Zusammengehörigkeit in der Erlebnisgesellschaft heißt: Szene.

Die Erfahrung des Publikums, zu dem man gerade gehört, wird erst durch die Verbindung mit anderen Publikumserfahrungen soziologisch bedeutsam. (...) Eine Szene ist ein Netzwerk von Publika, das aus drei Arten der Ähnlichkeit entsteht: partielle Identität von Personen, von Orten und Inhalten. Eine Szene hat ihr Stammpublikum, ihre festen Lokalitäten und ihr typisches Erlebnisangebot. (Ebenda, S. 463)

Inzwischen hat sich die jugendkulturelle Szene derart pluralisiert, daß die Anzahl der Untergruppierungen, Wiederbelebungen und Neuschöpfungen kaum einen Überblick erlaubt. (BAACKE 1993 b, S. 234)

Szenen sind musikpädagogisch bedeutsam, weil sie als sozial-ästhetische „Orte" in unmittelbarem Vergleich mit dem Musikunterricht – als einem ebenfalls sozial-ästhetischen Ort – stehen.

h) Unsicherheit, Enttäuschung, Desorientierung

Als Teilergebnis seiner umfangreichen Erhebungen referiert Schulze auch kritische Seiten der Erlebnisgesellschaft.

Pädagogisch, und im Hinblick auf die hohe Bedeutung des Ästhetischen in der Erlebnisgesellschaft *(In einer Umwelt der ungezählten kleinen Möglichkeiten /.../ hat Identität eine zentrale ästhetische Komponente – SCHULZE, S. 102)* auch musikpädagogisch von Belang sind folgende Phänomene:

Unsicherheit als Begleiterscheinung der Erlebnisorientierung (...)
Enttäuschung (...)
Die explosionsartige Zunahme des Brauchbaren führt zu einem Verfall der Freude an Brauchbarkeit. Unter Lebensbedingungen, die es erst ermöglichen, schöne Erlebnisse zur Hauptsache zu machen, verflüchtigen sich schöne Erlebnisse, die sich als Nebensache ergeben würden. (...)
Je vorbehaltloser Erlebnisse zum Sinn des Lebens schlechthin gemacht werden, desto größer wird die Angst vor dem Ausbleiben von Erlebnissen. Zur Angst vor Langeweile gesellt sich die Angst, etwas zu versäumen. (Ebenda, S. 62, 63, 64, 65)

Darauf hat Viktor E. Frankl aus psychotherapeutischer Sicht hingewiesen:

Glück muß einen Grund haben, als dessen Folge es sich jeweils von selbst einstellen kann (...) es ist nicht machbar, im Gegenteil, je mehr es zum Ziel gemacht wird, je mehr es einem um die Lust geht, um so mehr ver-geht sie einem auch schon. (FRANKL, S. 13)

Des weiteren erwähnt Schulze

die Gefahr der Desorientierung (SCHULZE, S. 71),

die Unübersichtlichkeit der erweiterten Möglichkeitsräume, die Zersplitterung der Schauplätze des Alltagslebens, die Fluktuation der Sozialkontakte, die kognitive Überforderung durch Informationen (ebenda, S. 72),

den *Verlust jener emotionalen Balance (...), die uns das Vorgegebene selbst dann vermittelt, wenn es uns das Leben schwer macht. (Ebenda, S. 77)*

Schließlich stellt er fest:

In der prekären Situation drohenden Bedeutungsverlustes der Zeichen (...) entsteht ein eminentes Bedürfnis nach Ordnung und Orientierung. Gefragt sind Strukturen, die das chaotische Ende alltagsästhetischer Semantik, einen blind machenden Wirbelsturm von Zeichen, verhindern und die Herstellung von Beziehungen zu den dauerhafteren, nur allmählich wandelbaren subjektiven Bedeutungsmustern erleichtern. (Ebenda, S. 117)

Aktueller Musikunterricht könnte zur Befriedigung jenes Bedürfnisses beitragen. (Siehe 3.3.3.3)

i) Expansion der Kunst

Die *moderne Industriegesellschaft hat uns eine historisch beispiellose Blüte der Alltagskultur, und zwar als einer Massenkultur beschert. (LÜBBE, S. 341)*

Diese umfaßt in gleicher Weise medial neue Angebote (Audio- und Videomedien, Telekommunikation...) wie alte Kulturformen (Lesekultur, Museen...- siehe ebenda, S. 337ff.).

Das betrifft auch die Musik:

Der passive, technisch ermöglichte Konsum reproduzierter Musik hat die aktive Musikausübung nicht absterben, vielmehr über alle bislang gekannten Maße hinaus zunehmen lassen. (...) Unter unseren zahllosen Schulorchestern haben sich nicht wenige zur Tourneereife entwickelt. Unsere Jugendmusikschulen sind der Nachfrage nach Studienplätzen gar nicht gewachsen (ebenda, S. 337; siehe z.B. auch MARK*).*

Dem quantitativen Wandel der Kultur entsprechen inhaltliche Änderungen der Kunst:

Mit der 'Expansion der Kunst' seit den sechziger Jahren rückten auch Erscheinungsformen des Trivialen in den Blick, deren Reflexion zu einer Auflösung überkommener Werte und Normen führte. Längst sind die Ästhetiken nicht mehr nur noch auf die sogenannte 'hohe' Kunst fixiert. (N. SCHNEIDER, S. 18)

Diese Änderungen haben musikpädagogisch brisante Folgen; eine davon ist der Verlust ethischer Verbrämung abendländischer Musik durch das „Verschwinden der Hochkultur“:

Die Klassiker geraten damit jenseits einer von staatlicher Seite so erwünschten Erziehungssymbolik. Hochkultur ist zur Sache des einzelnen geworden. Ob die Sinfonien von Mozart kunstvoller sind als die Rocknummern der Rolling Stones, oder der neue Batman-Film Schund ist oder Mythos, das kann im Feuilleton ein Thema sein, in Elternversammlungen oder in publikumswirksamen Kongreß-Polemiken.
Doch das Konzept vom exemplarisch und überzeitlich schaffenden Klassiker, dessen Werk in einer von Bildungseliten definierten Hierarchie ganz oben steht, hat sich aufgelöst. (KINSKY-WEINFURTER 1996, S. 128 und 129)

Lübbe sieht in der

Freiheit der Kunst (...) ein Ergebnis von Prozessen kultureller Verselbständigung der Kunst gegenüber anderen Lebensbereichen (LÜBBE, S. 99)

und stellt drei dieser Prozesse vor:

1. *Die Ästhetisierung unseres Verhältnisses zur Kunst (ebenda).*

   Das bedeutet,

   daß auch der Kunstrezipient die Freiheit hat, sich zu den Werken der Kunst in eine Beziehung zu setzen, die nicht über die Identifikation mit den transästhetischen (den außerhalb der Kunst liegenden, A.L.) *Zwecken verläuft, bei denen der Künstler (...) engagiert sein mag. (Ebenda, S. 100)*

2. *Die Verwissenschaftlichung unseres Verhältnisses zur Kunst. (...) Kulturgeschichtlich dokumentiert sich dieser Vorgang (...) exem-*

plarisch in der fortschreitenden Akademisierung und Professionalisierung der Kunstvermittlung. (Ebenda, S. 102)

3. *Die Entpolitisierung unseres Verhältnisses zur Kunst. (...) Gewiß gehört die Kunst, wie die Religion und die Wissenschaft, zu den kulturellen Lebensvoraussetzungen des modernen Staates. Aber der moderne liberale Staat hat auch im Falle der Kunst seine eigenen Lebensvoraussetzungen freigegeben. (Ebenda, S. 105)*

j) Mediamorphose

Kennzeichen der „Mediamorphose" (zu diesem Begriff siehe SMUDITS 1990, Vorwort) sind nach Kurt BLAUKOPF (S. 270ff.)

- die Dominanz der Musikdarbietung über elektronische Medien
- die Erweiterung des Urheber – (Autoren-/Interpreten-)Begriffs
- der Verlust der *auratischen Einmaligkeit (S. 271)*, welcher der „live music" früher eigen war
- die Zurichtung des (live-) Klangergebnisses durch Tontechnik
- Komposition nicht (nur) über Noten, sondern direkt über elektronische Apparaturen; das technische Instrumentarium dafür ist mit dem Instrumentarium für „angewandte Medienmusik" (Werbespots, Kennmelodien, Hintergrundmusik) identisch.

Auf der Basis weiterer technischer Neuerungen ergeben sich nach SMUDITS (1996, S. 30) als Trends: Zunahme der kulturellen Kommunikation über elektronische Medien; Steigende Nachfrage nach künstlerischen Kompetenzen in diesem Bereich; Neue Ästhetik, neuer Kunstbegriff, Neubestimmung schöpferischer Leistung, *Erosion des Urheberrechts*; Zunahme der internationalen Konzentration und Standardisierung; *eine weitere Segmentierung in kulturell gut Versorgte und kulturell schlecht Versorgte* u.a.

Mediamorphose betrifft den Musikunterricht dadurch, daß technische Medien auf das Bedürfnis Jugendlicher nach

- Information
- Identitätsfindung

- Integration und sozialer Interaktion
- Unterhaltung

(siehe CHARLTON/NEUMANN-BRAUN, S. 50) treffen.

> *Welche Medien (...) im einzelnen genutzt werden, hängt (...) vom Jugendlichen selbst ab, von seinen konkreten Lebensumständen und Lebensperspektiven, von seinen kommunikationsrelevanten Bedürfnissen und Problemen sowie von den im Umgang mit den Medien und ihren Angeboten gemachten Erfahrungen. (Studie der ARD/ZDF-Medienkommission und der Bertelsmann-Stiftung: BAACKE/SANDER/VOLLBRECHT, S. 9)*

Die Beziehung junger Menschen zu diesen Medien wird dabei heute nicht mehr lediglich als Einbahn-Modell der Beeinflussung gesehen, sondern – unter entsprechenden Voraussetzungen – auch als Objekt-Beziehung:

> *Kinder 'schlachten' Medien entsprechend ihren Interessen und Themen aus. (CHARLTON/NEUMANN-BRAUN, S. 113)*

Ein einseitiger Blick auf die kulturellen Veränderungen durch Mediamorphose ergibt eine falsche Perspektive für die Möglichkeiten und Notwendigkeiten des Musikunterrichts. Denn:

> *Die Veränderungen sind heute hauptsächlich zweifacher Art. Erstens kommt es zu einer Virtualisierung bzw. Derealisierung des Wirklichen* (einer Veränderung zum Scheinbaren, A.L.) *bzw. unseres Verständnisses von Wirklichkeit. Und zweitens kommt es – komplementär dazu – zu einer Revalidierung* (Wieder-Aufwertung, A.L.) *nicht-elektronischer Wirklichkeitserfahrungen, und zwar insbesondere von solchen Momenten, die nur diesen Wirklichkeiten – im Unterschied zu den elektronischen – eigentümlich sind und die daher fortan als das Spezifische dieser nicht-elektronischen Wirklichkeiten erscheinen und mit besonderem Wert belegt werden. (WELSCH 1996, S. 308.* – Ein musikalisches Beispiel dafür sind Auftritte von Musikern ohne große Verstärkeranlagen: „unplugged").

Dieser Abwendung von einer Pauschalperspektive gegenüber „den" Massenmedien entspricht eine neue musikpädagogische Einschätzung:

> *Die Bewertung der Massenmedien in der Musikpädagogik hat sich in den letzten Jahrzehnten deutlich verändert. Anerkannt wird, daß die*

Medien vom frühen Kindesalter an äußerst vielseitige Hörererfahrungen ermöglichen und maßgeblich zur Ausbildung musikalischer Präferenzen beitragen können. Die technischen Medien führen nicht zu einem Rückgang des eigenen Musizierens, vielmehr motivieren sie dazu und beleben – gleichermaßen zur Freude der Musikindustrie wie der Instrumental- und Gesangspädagogen – die eigenen Aktivitäten. Mit Hilfe der Musikmedien können Klangbeispiele aller Zeiten, Gattungen und Kulturen (...) in den Musikunterricht der Schulen eingebracht werden (KLEINEN/KREUTZ, S. 388).

3.3.3 Konsequenzen für den Musikunterricht

Tatsachen als solche haben keinen Sinn; sie können einen Sinn nur durch unsere Entscheidungen erhalten. (POPPER 1977, S. 345)

– Das bedeutet, daß aus einzelnen Phänomenen der aktuellen Kultur (aus bestimmten Musikstücken bzw. kulturellen Produkten, Stilen, Moden, Kontexten usw.) für sich kein sinnvoller Musikunterricht zu begründen ist. Die bloße Zuwendung zu solchen Phänomenen garantiert nichts.

Verbindliche Unterrichtsinhalte können erst dadurch bestimmt werden, daß das Verhältnis konkreten Unterrichts zu konkreten Bezugspunkten jener Kultur im Hinblick auf bestimmte Ziele des Unterrichts hinreichend geklärt ist.

Im folgenden sollen daher einige Punkte angeführt werden, die einem positiven, ergiebigen und realistischen solchen Verhältnis förderlich sein könnten. (Als naheliegende Konsequenzen mögen sie in der gängigen Unterrichtspraxis zum Teil erfüllt sein; hier werden sie als Anregungen in Form von Infinitiven wiedergegeben.)

3.3.3.1 Vielfalt verifizieren

a) Die aktuelle Kultur als pluralistische Bedingung des Musikunterrichts in ihren Details zur Kenntnis nehmen
b) Wert und Grenzen der Spezialisierung als Voraussetzung ergiebiger Vielfalt erkennen; Arbeitsteilung realisieren

c) Qualität anstreben, Ansprüche stellen; Dilettantismus (z.B. Marktkritik ohne Marktkenntnis) vermeiden

d) Kritikfähigkeit fördern
Wer Kritik begrüßt und sich nach ihr richtet, wird sie fast höher einschätzen als Freundschaft; wer Kritik aus Sorge um die Erhaltung seiner Position bekämpft, verurteilt sich selbst zum Stillstand. (MAGEE, S. 39)
– Kritik setzt für alle Ebenen des Musikunterrichts (z.B. für die Evaluation und die Zensurengebung) nachvollziehbare Kriterien voraus.

e) Die pluralistische Gestalt der ästhetischen Welt der Gegenwart in Einzelheiten vermitteln (z.B. musikalische Stile, Stilmischungen, Stilbrüche)

f) Die aktuelle „Gleichzeitigkeit des Ungleichzeitigen" thematisieren:
Der Schüler soll seine Musikgegenwart als Gleichzeitigkeit von geschichtlich Ungleichzeitigem erfahren und hörend unterscheiden lernen (ANTHOLZ 1979, S. 42).

g) Die Informationsflut für die Zwecke des Musikunterrichts nützen; im einzelnen

- Informationsbeschaffung optimieren
  (Langzeitstrategien verfolgen: repräsentative Schwerpunkte – konsequente Linien – punktuelle Einschläge)
- Informationsverarbeitung und -speicherung optimieren
  Der reizüberflutete Bürger muß zur Jahrtausendwende vor allem die Technik des Selektierens und Synthetisierens beherrschen. (...) Die Kunst der Reduktion von Komplexität steigt zur neuen entscheidenden Kulturtechnik auf (WEINZIERL, S. 6).

h) „Denkökonomie" (Ernst Mach: VOLLMER, S. 25) pflegen
Entities should not be multiplied without necessity (Wilhelm von Ockham: DAWKINS, S. 96)
Dieses Prinzip soll auch musikdidaktisch gelten: für Beispiele, für Unterrichtsmittel bzw. deren Kombination, für methodische Wege usw.

3.3.3.2 *Aktuelle Unterrichtsinhalte realisieren*

a) Die Lehrkraft soll den Ertrag der relevanten Fachdisziplinen beachten, aber die thematischen Entscheidungen für den Musikunterricht angesichts der reichen Möglichkeiten der aktuellen Kultur selber treffen.
Sobald Schüler fähig sind, die entsprechenden Konsequenzen mittragen, sollen sie in diese Entscheidungen eingebunden werden.

b) Insofern erklingende Musik der Inhalt des Musikunterrichts ist, soll dieser in den ästhetischen Standards (z.B. Sound-Qualität bei der Musikwiedergabe) und in der Ausstattung (z.B. Mikrophone) sowie ihrer Benützung (fachgerechte Anwendung) der Höhe aktueller Musikkultur entsprechen.
Das kann sowohl durch Hereinnahme kultureller Segmente in den Musikunterricht wie auch durch Hereinnahme von Musikunterricht in kulturelle Segmente (z.B. durch Auslagerung bestimmter Aktivitäten in außerschulische Räume) erreicht werden.

c) Musikunterricht soll nicht nur kulturelle Reaktion (Aufarbeitung des Gegebenen) sein, sondern auch kulturelle Aktion.
Sooft als möglich und pädagogisch ergiebig, sollen daher Produkte hergestellt werden (z.B. Tonaufnahmen gelungenen Musizierens, Kompositionen, CD-Covers usw.) und mit der Realität außerhalb des Unterrichts in Beziehung gesetzt werden.
Die Ergebnisse solcher Aktivitäten sollen zudem als Basis und als Gegenstand weiterer Unterrichtsarbeit dienen.

d) Aktualität und Geschichtlichkeit sollen im Musikunterricht nicht gegeneinander ausgespielt, sondern in ein sinnvolles Verhältnis zueinander gebracht (bzw. in diesem belassen – siehe 3.3.2.2 b) werden.
Aktuelles und definitiv Nicht-Aktuelles (z.B. abgeschlossene historische Ereignisse) sollen in ihrer Eigenständigkeit erfaßt und nicht tendenziös vermischt werden.

Aktualität soll nicht als musikdidaktischer Köder *(‚Bonbondidaktik‘: NIERMANN, S. 11)* mißbraucht werden.

e) Aktualität und Innovation sollen als Phänomene der Moderne relativ zu anderen kulturellen Normen thematisiert werden:
   Seit *dem Beginn der Neuzeit spielt die 'Neuheit' und 'Originalität' des Künstlers die dominierende Rolle, im Altertum dagegen die Erfüllung der klassischen Muster als Inbegriff der Vollkommenheit. (HENCKMANN/LOTTER, S. 259)*

f) Aktualität soll als unabweisbare sachliche Gegebenheit und als musikdidaktische Chance wahrgenommen, aber nicht zum dogmatischen Fluchtpunkt allen Musikunterrichts gemacht werden.

3.3.3.3 Kontinuität schaffen

a) Komplementär zur thematischen Auswahl von Einzelheiten der aktuellen Kultur sollen kulturelle Phänomene als thematische Bezugspunkte gewählt werden, die stilübergreifend gültig sind; z.B.
   - Instrumente in unterschiedlicher Anwendung
   - Musikalische Kulturtechniken (z.B. Gesang, Tanz) in unterschiedlicher Ausformung
   - Präsentationsformen von Musik
   - Mythenbildung (zu fiktiven Gestalten wie Orpheus oder Don Juan; zu realen Personen wie W. A. Mozart oder John Lennon)
   - Vorbild und Nachahmung; Individualität und Klischee; Echtheit und Fälschung
   - Realität und Fiktion; „natürliche“ Vorgänge und ihre „künstliche“ Stilisierung.

b) Zur weiteren Relativierung bestimmter Gegebenheiten der aktuellen Kultur liegt es nahe,
   - Konstanten der menschlichen Existenz und Besonderheiten menschlicher Lebensbedingungen und -vollzüge jenseits des Erlebnisparadigmas zu thematisieren, z.B. über textgebundene Musik

- gegenüber dem Jugendmythos der Moderne die menschliche Lebensspanne zu thematisieren, z.B. durch Filme, Opern, Künstlerbiographien
- „Klassisches" zu erarbeiten (aus dem, was in der Gegenwart, in der Moderne, in der europäischen Neuzeit ... als klassisch galt)
- Orientierung durch Objektivität zu ermöglichen:
  Wer sich selbst befragt, ist mit ungleich größeren Ungewißheiten konfrontiert, als wer die ihn umgebenden Dinge erforscht. (...) Man kann mit sich selbst nicht wie mit einer Naturtatsache umgehen. Daraus resultiert ein Orientierungsbedarf (...) (SCHULZE, S. 52)
- Selbstgewißheit und gesamtgesellschaftliche Sicht durch Einsicht in die prägenden Komponenten aktueller Kultur zu fördern – inklusive ihrer Kehrseiten (siehe 3.3.2.2 h).
  Dazu gehören die psychischen und sozialen Folgen verbreiteter Selbstbestimmungsunfähigkeiten, in denen das Individuum, anstatt sich zu entfalten, sich selbst zum größten Problem wird und sich als Opfer moderner Lebensverhältnisse erfährt. (LÜBBE, S. 21)
- den Weg einzelner Schüler und einzelner Arbeitsgruppen mit aktuellen Mitteln zu dokumentieren.

NB. Thematisieren ist nicht identisch mit Zur-Sprache-bringen; Themen des Musikunterrichtes können in verschiedenen Praxisformen erarbeitet werden. (Siehe 4.4)

3.3.3.4 Musikunterricht modernisieren

a) Ein produktives, sachgemäßes und soweit als möglich didaktikfreies Verhältnis zu den technischen Gegebenheiten der aktuellen Musikkultur herstellen.
Die Situation ist für den Musikunterricht nicht neu: Stets wurde überlegt, von welchen technischen Neuerungen der Unterricht profitieren könne. Prominente Beispiele sind das Monochord der griechischen Antike, die tavola des Mittelalters, Schulfunk und Schallplatte im 20. Jahrhundert. (MAAS 1995, S. 11)

b) Das reiche Anregungspotential der musikalischen Gegenwartskultur nützen, z.B.

- aktuelle Techniken der Musikherstellung
- erreichbare, ästhetisch zulängliche Standards bei der medialen Ausstattung
- die Fülle des aktuellen Musikangebots
- die punktuelle Kennerschaft von Schülern
- die aktuelle Weitverbreitung semiprofessionellen Tanzes.

c) Musikdidaktischen Realismus (musikalische und pädagogische Orientierung an der außerschulischen Wirklichkeit) fördern; im einzelnen

- didaktische Fertigkeiten (z.B. bei der Liedbegleitung) auf die Höhe der aktuellen Kultur bringen
- Pädagogisierung wo immer möglich vermeiden (Als Musikkonsumenten werden heute schon Kinder – außerhalb der Schule – ernstgenommen)
- den Musikunterricht an der realen Auseinandersetzung der Heranwachsenden mit der eigengesetzlichen Sache, und nicht an überkommenen (musik-)pädagogischen Ideologien messen
- Raum, Zeit und Hilfestellungen für das Erlernen und Üben entsprechender Fertigkeiten vorsehen bzw. berücksichtigen
- den Schülern schließlich zu konstruktiver Entfernung von der Schule verhelfen.

d) Verbindliche Wahlmöglichkeiten bieten

Im Rahmen gewisser Vorgaben (Sicherung einer bestimmten, anregend begrenzten Breite allgemeinbildenden Unterrichts) soll Schülern nach der Kindheit die Möglichkeit gegeben werden, sich für oder gegen einsehbare Bereiche des schulischen Unterrichts zu entscheiden. – Innerhalb dieser Bereiche sollen die Ansprüche der Sache konsequent als verbindlich gelten.

Speziell für den Musikunterricht stellt Wilfried GRUHN (1996, S. 36) fest:

Ein neues musikpädagogisches Paradigma ist (...) mit Blick auf die weiterführenden Schulen zu erörtern. Es wäre zu fragen, ob an dem Postulat eines verbindlichen durchgehenden Musikunterrichts festge-

halten werden muß, wenn die Alltagspraxis zeigt, daß es die Schule nicht mehr schafft, kulturelle Identität für alle zu stiften. Vielleicht ist dies auch gar nicht wünschenswert. Jedenfalls hat es dies nie gegeben. Vielmehr wäre größerer Nachdruck auf das musikalische Lernen in der Grundschule zu legen, wo es (...) lernpsychologisch am besten möglich ist. Ist auf dieser Seite eine solide Basis gelegt, machen in höheren Jahrgangsstufen der weiterführenden Schulen Wahlmöglichkeiten guten Sinn.

– Kindheit und Grundschulalter sind allerdings nicht identisch. Da Kindheit in der Regel länger währt, sollte Musikunterricht, im Hinblick auf Kontinuität und Einsehbarkeit, auch für eine gewisse Zeit nach der Grundschule obligat sein.

Ein Verzicht auf jene Wahlmöglichkeiten löst jedenfalls die alltäglichen Probleme nicht, die durch mangelnde Wahlfreiheit entstehen.

e) Zeitgemäße Lerngelegenheiten einrichten

Auf dem Niveau der aktuellen Möglichkeiten gegenwärtiger Kultur sollen Formen der Musikvermittlung gefördert werden, die weit ergiebiger sein können als der konventionelle 2-Wochenstunden-Musikunterricht in Klassen, die in ihrer Quantität und Qualität gegenüber den Anforderungen elaborierten Musikunterrichts in der Regel als zufällig zu bezeichnen sind.

Solche – zum Teil realisierten – Lerngelegenheiten sind z.B. (alphabetisch)

- Auslagerung bestimmter Aktivitäten in Räume außerhalb der Schule (siehe 3.3.3.2 b)
- Einbeziehung von außerschulischen Experten
- Herstellung von musikalischen bzw. musikbezogenen Produkten sowie Nutzung von Schienen für ihre Veröffentlichung bzw. Verwertung
- Kombinationsformen von Instrumentalunterricht und anderem Musikunterricht
- kontinuierlich-aufbauend arbeitende Ensembles, deren aktiver Besuch an Eingangskriterien gebunden ist und als anteilige Erfüllung der Lernpflicht gewertet wird

- Kurse zu Spezialthemen bei Lehrkräften mit entsprechender Qualifikation
- Musik- bzw. Kunstdepartments in den Schulen mit entsprechender Ausstattung für die produktive und rezeptive Praxis (Studios, Phonothek, Videothek, Archiv usw.) sowie für die Informationsbeschaffung und -vermittlung
- qualifizierte Unterweisung außerhalb der Schule (z.B. Musikschule) und Anerkennung dessen für schulischen Unterricht
- schulstufen-, schul- und organisationsübergreifende Lerngelegenheiten.

3.4 Lehrer

Lehrkräfte agieren in einem Spannungsfeld unterschiedlicher Erwartungen.

Träger dieser Erwartungen sind Schüler, Eltern, Öffentlichkeit, Kollegen, Vorgesetzte, Schulerhalter. (Siehe PFEIFFER, S. 55ff.) Im *Kräftefeld* ihrer *Bezugsgruppen (ZUCHA, S. 168)* sind für Lehrer des weiteren Richtlinien, Gesetzgeber, Interessengruppen ... und, nicht zuletzt, eigener Werdegang, eigenes Berufsverständnis etc. wirksam. (Siehe ebenda)

Für die Gesamtheit der pädagogischen *Handlungskompetenz* von Lehrkräften unterscheidet Friedrich W. KRON (b, S. 323)

1. *fachliche Kompetenz*
2. *instrumentelle Kompetenz* als Summe didaktischer Fähigkeiten
3. *reflexive Kompetenz* als Fähigkeit zur Reflexion des eigenen pädagogischen Tuns. – Mit
4. *sozialer Kompetenz* meint er die *Fähigkeit (...), das pädagogische und organisatorische Handeln auch von der Klientel* (den Schülern und Schülerinnen, A.L.) *her zu begreifen. (Ebenda)*

Die Komplexität dieser Handlungskompetenz ist groß, jedoch zu bewältigen, solange Unterricht der Inhalt des Unterrichts bleibt.

Gravierende Probleme für Lehrkräfte im gegenwärtigen Musikunterricht können jedoch aus der *Widersprüchlichkeit der Lehrerrolle (PFEIFFER, S. 54)* erwachsen.

Die Erwartungen an diejenigen, die Musik lehren, sind außerordentlich unterschiedlich (ABEL-STRUTH 1985, S. 428).

Die Ursache jener Probleme liegt in der Diskrepanz bzw. im ungeklärten Verhältnis zwischen unterschiedlichen Aufgaben, deren synchrone Lösung von einem Musiklehrer für eine übergroße Zahl von Schülern und Schülerinnen verlangt wird. – Dazu zählen neben Unterricht und Erziehung: Betreuung, Beaufsichtigung, Motivation, Selektion, Management, Verwaltung, Repräsentation (durch Musikveranstaltungen), aktuelle Expertenschaft in musikalischer, kultureller und didaktischer Hinsicht ... (siehe PFEIFFER, S. 55ff.; dieser nennt nach A. R. Barth gut zwei Dutzend *Lehrerrollen*: vom *Helfer* und Elternersatz bis zum *Kontrolleur* und *Imagepfleger*.)

Thomas Ott sieht eine entscheidende Schwierigkeit in der schiefen Ebene vom Sachlichen zum Sozialen:

Die Schule als Institution lädt die sozialen Beziehungen in demselben Maße mit Bedeutsamkeit auf, wie sie sie den Inhalten entzieht, und ist deshalb auf den Lehrer als Motivationstechniker angewiesen, der das Kind hinterm Ofen hervorlockt (OTT 1993, S. 275).

Generell bedarf die Unterrichtsarbeit der Lehrpersonen von A (wie Auftrag) bis Z (wie Zensurengebung) einer tragfähigen ideellen Basis. – Dazu gehören für den Musikunterricht im besonderen

- klare Zielsetzungen und überprüfbare Anforderungen an alle Beteiligten (siehe 2.4.5)
- konsequente Verbindlichkeit dieser Zielsetzungen und Anforderungen
- ausreichende Unterstützung durch die unterrichtstragenden Institutionen
- vor allem aber: ein eindeutiger gesellschaftlicher Konsens über konkrete, sachrealistische Aufgaben des Musikunterrichts und über die daraus folgenden Konsequenzen personeller, materieller und organisatorischer Art.

Für andere als Unterrichtsansprüche gilt eine andere Summe von Voraussetzungen.

***

Bei den Lehrpersonen selbst ist die Berufstätigkeit an die physische, psychische und sittliche Eignung als Basis aller weiteren Qualifikation gebunden.

Im Musikunterricht

> *haben die Schüler zuallererst Interesse an einer Lehrerpersönlichkeit, die das Fach Musik sachlich gediegen und engagiert vertritt. (BASTIAN 1994, S. 238)*

Wurden einstmals vom Lehrer bestimmte Eigenschaften gefordert (z.B. Frömmigkeit, Munterkeit, Geduld, Genügsamkeit, Fleiß – siehe FELBIGER, S. 85ff.), erfordert das Verständnis von Unterrichtsprozessen heute eine dynamische Auffassung der *Lehrerpersönlichkeit – als Inbegriff dessen, was der Lehrer als Person aus seinen individuellen Anlagen und Umständen macht (GLÖCKEL, S. 173).*

Darüber hinaus *ist die neuere Forschung von diesem* (Eigenschaften feststellenden, A.L.) *persönlichkeits-zentrierten Ansatz abgegangen und geht von einem interaktionistischen Ansatz aus. (HERKNER, S. 448)*

Aus sozialwissenschaftlicher Perspektive

> *hängt die Identität einer Person in erster Linie mit der Konstanz von Erwartungen zusammen, welche sich auf diese Person beziehen und welche diese Person auf sich zieht. (WILLKE, S. 184)*

Als Vorgabe an die Interaktion mit Schülern hat Maria Luise Schulten folgende Erwartungen von Schülerseite erhoben:

- *Der Musiklehrer soll Themen und Inhalte des Unterrichts genau begründen können.*
- *Er soll offen gegenüber Schülerwünschen sein.*
- *Er soll methodisch abwechslungsreich unterrichten (...)*
- *Er soll humorvoll sein (...)*

- *Er soll den Bezug zur Praxis und zum öffentlichen Musikleben herstellen.*

(PFEIFFER, S. 38)

Renate Müller gelangt dafür u.a. zu folgenden *Hypothesen*:

- *Erfolgreiche Musiklehrer akzeptieren ihre Schüler, die Musik, die sie mögen, und ihre Umgehensweisen mit Musik.*
  (...)
- *Sie versuchen, ihre Schüler mitverantwortlich zu machen für den Erfolg des Musikunterrichts, indem sie sie an der Unterrichtsplanung beteiligen und ihnen etwas zutrauen.*
- *Erfolgreiche Musiklehrer sind an realistischen Zielen orientiert. (Ebenda, S. 26)*

Generell läßt sich feststellen:

> *Die positive Einstellung eines Lehrers gegenüber den Schülern und ein angemessenes Anforderungsniveau sind am ehesten dazu angetan, die Schüler (...) zu einer (...) sachbezogenen Motivation im Umgang mit Musik zu bringen (RÖSING/ , S. 356).*

Mangelnde Verwirklichung all dieser Vorgaben dürfte dagegen ein entscheidendes Ursachenbündel für spezifische Probleme von Musiklehrern ergeben:

> *Disziplinprobleme und Desinteresse der Schüler (...) scheinen die größten Problembereiche des Unterrichts darzustellen (PFEIFFER, S. 51).*

Um den komplexen Anforderungen ihrer Profession insgesamt zu entsprechen, brauchen Musiklehrer

> *ein breit angelegtes Können, Kennen und Reflektieren im musikalischen und didaktischen Bereich. Auch eine stärkere Verankerung im erziehungs- und gesellschaftswissenschaftlichen Feld ist dringend, nicht zuletzt deswegen, weil Eigenart und Bedeutsamkeit von Musik viele interdisziplinäre Aspekte hat. (...) In zunehmend größeren Schulverbänden wird der Spezialist gebraucht, für Kurse und Arbeitsgemeinschaften. Die Reproduktionspraxis (Singen – Spiel – Tanz usw.) stellt ebenso eine Akzentsetzung dar wie Produktion (Komposition; Multimedia-Technik usw.), Rezeption und Reflexion (Musikhören; interdisziplinäre Zusammenhänge usw.). (LEMMERMANN, S. 95)*

– und Schüler, die das Angebot des Musikunterrichts annehmen.

3.5 Schüler

Indem Unterricht institutionell für Schüler eingerichtet ist und sich faktisch an sie wendet, beziehen sich die verschiedenen Aspekte des Unterrichts direkt oder indirekt auf sie.

In der pädagogischen Differenzierung erscheint der einzelne Schüler, die einzelne Schülerin als

> *Mensch mit seinen allgemein menschlichen Fähigkeiten und Bedürfnissen körperlicher, seelischer, geistiger Natur; als Kind, Jugendlicher, Erwachsener mit den Möglichkeiten und Grenzen seiner Entwicklungsstufe; bedingt durch seine Herkunft aus einem Volk, einer sozialen Schicht, einer Gruppe; als Individuum mit seinen Fähigkeiten und Neigungen, seiner Lerngeschichte und seinen Lebenszielen; als Person, die nicht nur Objekt pädagogischer Einwirkungen, sondern Subjekt des eigenen Lernens ist und bei der nichts zu bewirken ist, wenn sie nicht lernen will. In der Schule ist dieser Schüler in der Mehrzahl vertreten (...) (GLÖCKEL, S. 168).*

Für die musikalische Entwicklung von Menschen in der Gegenwart unserer Kultur ist u.a. mit folgendem zu rechnen:

> *Obgleich in den ersten zehn Lebensjahren wichtige musikalische Fähigkeiten (z.B. Ausdrucksverständnis, Tonalitätsverständnis, die Fähigkeit, einfache Lieder korrekt zu singen, harmonisches Unterscheidungsvermögen) auch ohne Unterricht und gezieltes Üben durch Akkulturation, Reifung und informelles Lernen erworben werden, entwickeln sich in der Regel darüber hinaus gehende Fähigkeiten nicht ohne Unterricht weiter.*
> *(...)*
> *Die Adoleszenz ist (...) hinsichtlich des Erlebens von Musik und ihrer Funktionen eine Zeit besonders markanter Umbrüche, die vor allem in der Entwicklung musikalischer Präferenzen und Einstellungen deutlich wird (...)*
> *Sie geht einher mit der zunehmenden Ausprägung von Präferenzen für die Musik der Gleichaltrigen (...)*
> *Einige Ergebnisse zeigen, daß sich die musikalischen Präferenzen der Jugendzeit bzw. des frühen Erwachsenenalters stabilisieren und während des Erwachsenenalters bis ins hohe Alter erhalten bleiben (...)*
> *In diesem Zusammenhang* (höheres Alter, A.L.) *erscheint es auch plausibel, daß (...) die Ausübung musikbezogener Aktivitäten, die mit positi-*

ven Erfahrungen (...) verbunden sind, einem altersbezogenen Verlust an Sinnbezügen entgegenwirken können. (GEMBRIS, Sp. 892ff.)

– In welchen ihrer Anlagen und Entwicklungsmöglichkeiten junge Menschen im allgemeinen Musikunterricht gefördert werden können, ist aus den Inhalten musikalischer Allgemeinbildung (siehe 2.4.5) und aus den Praxisformen des Musikunterrichts (siehe 4.4) zu ersehen.

Andere Vorgänge und Ergebnisse der Reifung und Entwicklung von Kindern und Jugendlichen sind teils indirekte, teils direkte (z.B. Mutation) Voraussetzungen und Bedingungen des Musikunterrichts – wobei die Zeit um das 12. Lebensjahr als Wende von der Kindheit zum Jugendalter gelten kann (siehe BAACKE 1984, S. 41ff.).

In dieser Zeit verblassen für den Heranwachsenden jene Selbstverständlichkeiten der Kindheit, aufgrund derer das Kind diesen Lebensabschnitt (unter günstigen Bedingungen) als eine geschlossene, stabile Phase erlebt hat – erfüllt vom konkreten Verständnis offenkundiger Gegebenheiten und von ihrer praktischen Bewältigung, in selbstverständlicher Hinnahme der Welt und im grundsätzlichen Einvernehmen mit sich selbst. (Siehe ebenda, S. 45f.).

Musikpädagogisch ist die Kindheit von größter Bedeutung:

Durch (...) die Ergebnisse der musikalischen Begabungs- und Lernpsychologie (...) wissen wir, daß sich das Potential für musikalisches Lernen etwa bis zum 9. Lebensjahr in einem plastischen, entwicklungsfähigen Stadium befindet (...), sich danach aber auf dem bis dahin erreichten Niveau stabilisiert (...). Die entscheidenden Jahre allen Lernens sind daher die der frühen Kindheit, weil nur hier das genetisch prädisponierte (ererbte, A.L.) *Potential noch verändert, also ausgeweitet und differenziert werden kann. (...)*
In diesen Jahren ist die Bildungsaufgabe (...) am wirkungsvollsten. (GRUHN 1996, S. 35)

Während der Schwellenzeit zwischen Kindheit und Jugendalter ändern sich die psychischen Voraussetzungen für den Musikunterricht.

Unmittelbar vorher

zeigt der Viertklässler grosse Singfreudigkeit und auch Singfertigkeit.

Er will etwas leisten und er will vor allem selber etwas zustandebringen. Für den Musikunterricht (...) heißt dies: oft selbständig entdecken und erarbeiten lassen. (...)
Die Schülerin, der Schüler möchte ein bestimmtes Ziel der Arbeit sehen. (RÖÖSLI, S. 60)

Von musikdidaktischem Belang ist für diese Altersstufe auch,

daß emotionales und vegetatives Hören bei 10- bis 11jährigen kaum vorhanden sind und erst im Laufe des zweiten Lebensjahrzehnts allmählich erworben werden (BEHNE 1994, S. 174).

Der Übergang ins Jugendalter bringt den Heranwachsenden in eine kritische Phase.

Er wendet sich weg vom Kindlichen (...) Mehr und mehr will er wissen, warum er etwas tun muss.
Im Bereich des Musikunterrichtes machen sich (...) Hemmungen bemerkbar. So kann zum Beispiel das Vorsingen ganz allein (...) problematisch werden. Bei einem Tanz wird die (...) Paarbildung zwischen Knaben und Mädchen plötzlich unmöglich.
(...)
Zunehmend interessiert sich der Jugendliche für die Welt der Erwachsenen. Er möchte zum Beispiel die Noten so benennen, wie es die Erwachsenen tun. Er möchte nicht mehr als Kind angesehen und behandelt werden (RÖÖSLI, S. 62).

Allgemein fällt dem Jugendlichen die Aufgabe *verstärkter, mehr und mehr reflektierter und eigen-verantworteter Identitäts-Suche (SCHÄFERS, S. 109)* zu.

Der Jugendliche muß zu sich selbst, zum anderen Geschlecht, zu den Werten seiner Kultur und Gesellschaft einen Standpunkt gewinnen. (...)
Die Identitätssuche des Jugendlichen führt vielfach zu widersprüchlichen Verhaltensweisen und Einstellungen: ein und derselbe Jugendliche ist introvertiert und extrovertiert; kritisch, selbst-kritisch und naiv; (...) er ist schüchtern und aggressiv, verträumt und weltoffen. (SCHÄFERS, S. 109f.)

Auf dieser Suche können Jugendliche Halt in Familie, Schule, Freundschaft, Gleichaltrigengruppe und anderen (sportlichen, kulturellen) Bindungen finden.

Im Verlauf des Heranwachsens ändern sich Konstellation, Gewichtung und Bedeutung dieser Bindungen.

Solche Änderungen sind auch dem gesamtgesellschaftlichen Wandel unterworfen: Während z.B. vor allem im städtischen Bereich *Bindungen an Vereine, kirchliche Gruppen oder politische Parteien schwinden (JANKE/NIEHUES, S. 16),* wächst der aktuelle Einfluß der *Cliquen und Szenen, die immer wichtiger werden (ebenda).*

Nach PETILLON (S. 102f.) können Gleichaltrigengruppen im Jugendalter ihren Mitgliedern folgendes bieten:

- jugendspezifische soziale Beziehungen und Aktivitäten
- Weiterentwicklung, Bestätigung und Bewährung der individuellen und sozialen Identität ihrer Mitglieder
- Vorbildwirkung der Gleichaltrigen, Vergleich mit den anderen (Kennenlernen anderer Weltsicht)
- Übernahme komplementärer (ergänzender) sozialer Rollen
- Übung von Wettbewerb und Kooperation
- Aggressionsverarbeitung
- Stärkung des Selbstbewußtseins in der Zeit der Pubertät
- Erfahren, Finden und Annehmen der eigenen erotischen/sexuellen Identität.

Von unmittelbarer Auswirkung auf den Musikunterricht ist dabei,

> *daß schulische Lerngruppen (...) umso aufgeschlossener gegenüber musikalischen Aktivitäten im Musikunterricht sind* und *umso differenzierter und autonomer urteilen (...), je geringer der Peergruppendruck in ihnen ist. (MÜLLER 1990, S. 264)*

Schule hat für Jugendliche im allgemeinen folgende Bedeutung:

> *Für die Mehrzahl der Jugendlichen in der (...) Altersgruppe der 12- bis etwa 18/20jährigen ist die Schule neben der Familie bestimmender Eckpfeiler ihrer individuellen und sozialen Existenz. Die (...) biologischen und entwicklungspsychologischen Besonderheiten des Jugendalters und die Teilhabe an der Jugendkultur in ihren verschiedenen Ausprägungen haben immer auch mit der Schulexistenz des Jugendlichen zu tun (...).*

> *Für die individuelle Entwicklung ist Schule eine zentrale Institution, weil die schulische Sozialisation zur Überwindung der 'Kindheitsidentifikationen' (...) und zur 'Neustrukturierung des Ich' herausfordert (SCHÄFERS, S. 141).*

Hochrelevant für den Musikunterricht ist der Stellenwert der Musik im Leben Jugendlicher. – Die

> *außerordentlich starke Bedeutung, welche die Musik in unserer Gesellschaft für die junge Generation hat, wird von allen repräsentativen Jugenduntersuchungen (...) belegt:*
> - *'Musikhören' ist für Jugendliche eine der wichtigsten Freizeitbeschäftigungen;*
> - *Schallplatten und Musikcassetten werden überwiegend von Jugendlichen gekauft;*
> - *auch das Musizieren ist überwiegend eine Angelegenheit von Jugendlichen;*
> - *das starke Musikinteresse der Jugendlichen ist weitgehend unabhängig von Alter, Geschlecht und Schichtzugehörigkeit. (Ebenda, S. 187)*

Die von Jugendlichen bevorzugte Musik hat für sie u.a. folgende Funktionen:

> - *Erkennungszeichen für bestimmte Jugendkulturen, die sich durch bestimmte Musikpräferenzen von anderen ausgrenzen;*
> - *Informationsquelle über neue Lebensstile, Moden, Verhaltensweisen;*
> - *Grenzziehung gegenüber Erwachsenen (...)*
> - *Stimulanz für eigene Träume und Sehnsüchte;*
> - *Identitätsstiftung durch die Entdeckung von Bewegung und Körperlichkeit im Tanz;*
> - *Aufforderung zum Handeln, Aktivsein, Protest;*
> - *Rückzug vom Alltag (...)*
> - *Möglichkeit der Identifikation mit Leitfiguren wie Rock-Stars;*
> - *Ausdruck von und Opposition (...)*
> - *Mittel der Aufheiterung, guten Laune und Stimmungskontrolle. (BAACKE 1993 b, S. 232)*

Indem *die Ausdehnung der Jugendkultur für das etablierte Schulsystem ein immer größerer 'Konkurrent' wird (SCHÄFERS, S. 148)*, wächst die musikpädagogische Herausforderung, daraus ein Verhältnis produktiver Akzeptanz – konstruktiver Konkurrenz – sinnvoller Ergänzung zu machen. (Siehe 3.3.1).

Angesichts der *Widersprüchlichkeit der Wertbereiche (Schule und Beruf fordern Disziplinierung und Planung; die Freizeit dagegen Geldausgaben und Augenblicksversessenheit) (BAACKE 1993 a, S. 189)* gewinnt der tradierte Eigenwert schulischen Unterrichts aktuelle Kontur. – Dieser Wert erwächst aus der Summe von

- sachspezifischer Verbindlichkeit
- Übersicht
- Zielorientierung
- Stetigkeit
- Konsequenz
- Konzentration
- Versuch und Irrtum
- Wiederholbarkeit
- Übung
- realistischer Begrenzung
- Berechenbarkeit
- usw.

Die schülerspezifischen Voraussetzungen und Bedingungen des Musikunterrichts jedoch dürften sich mit der intensiven, diffizilen Präsenz von Musik im Leben der Heranwachsenden irreversibel gewandelt haben:

> *Zu different und diffus sind heute die Interessen der Schüler, als daß man noch immer ernsthaft den didaktischen Topos* (Redewendung, A.L.) *bemühen könnte, den Schüler da abzuholen, wo er stehe. (BASTIAN 1994, S. 238)*

Die Frage nach dem Verhältnis von Schülerinteressen und Musikunterricht läßt sich aus aktueller Perspektive mit folgenden Feststellungen beantworten:

1. Musikalische Interessen (Vorlieben, Abneigungen, Wünsche, Absichten) sind – durch die am Unterricht beteiligten Personen – als direkte bzw. indirekte Voraussetzungen jedenfalls wirksam.
2. Musikalische Interessen betreffen nicht nur Stücke, Stile, Interpreten ..., sondern auch die Arten des Musikhörens, die Erlebnisweisen der Musik usw.

   Daß Schüler im Musikunterricht (...) nichts anderes hören wollen als 'ihre' Musik, ist ein (...) weitverbreitetes Vorurteil. (...) Rezeptionsbarrieren sind (...) nicht nur Vorbehalte gegenüber Arten von Musik, sondern vor allem gegenüber Umgehensweisen mit Musik, z.B. gegenüber dem wochenlangen Herumreiten auf Musikstücken im Musikunterricht mit dem Anspruch, zunächst der Musik, sodann dem Komponisten und seinen Intentionen, nicht zu vergessen dem Lehrer, seiner musikalischen Orientierung und seinen Vorstellungen von adäquater Werkbetrachtung und zuletzt bzw. gar nicht den Wünschen und Hörgewohnheiten der Schüler gerecht zu werden. (MÜLLER 1991, S. 19)
3. Musikalische Interessen sind in einer größeren Gruppe (z.B. in einer Schulklasse) nicht pauschal vorhanden; sie können im einzelnen sehr unterschiedlich sein.
4. Es gibt verschiedene Möglichkeiten, im Musikunterricht auf musikalische Interessen Bezug zu nehmen: durch Verstärkung – Ergänzung – Erweiterung – Veränderung ... (siehe 3.3.1).
5. Es gibt manches, was verschiedenen musikalischen Interessen gemeinsam ist; Musikunterricht kann bei diesen Gemeinsamkeiten ansetzen.
6. Offenkundige Interessen sind nur ein Teil der möglichen Interessen. Es ist mehr als genug Musik/kultur vorhanden, wofür Schüler und Lehrer Interesse entwickeln können.

   Musikpräferenzen sind auch Ergebnis von Musikunterricht. (SCHULTEN, S. 34)
7. Es gibt ein breites Spektrum zwischen kurzfristigen Interessen (Tagesaktualität) und langfristigen Interessen (Lebensalter, -spanne).

8. Die Wirklichkeit des Unterrichts unterscheidet sich von der Wirklichkeit außerhalb des Unterrichts dadurch, daß Schüler und Lehrer im Unterricht nicht als irgendwelche Leute, etwa als Objekte empirischer Sozialforschung oder als musikpsychologische Versuchspersonen, anwesend sind, sondern als Mitwirkende an einem fachspezifischen Arbeitsprozeß.

3.6 Die Szene des Musikunterrichts

> *Sinnvoller Unterricht, zumal im Rahmen der allgemeinbildenden Schule, beruht auf einer dramaturgischen Anlage (RICHTER 1997, Sp. 1467).*

Die gemeinsame Aktivität auf der Szene des Musikunterrichts definiert die daran Beteiligten als Lehrende und Lernende, nicht als Privatpersonen. – Es

> *gehören die Mitglieder eines sozialen Systems als Personen zur Umwelt* (außerhalb, A.L.) *dieses Systems (...); denn sie gehören nie 'mit Haut und Haaren', sondern nur in bestimmten Hinsichten, mit bestimmten Rollen, Motiven und Aufmerksamkeiten dem System zu. (WILLKE, S. 55f.)*

Diese Vorgabe hat mehrere Kennzeichen und Konsequenzen:

- *Das Musiklehrer-Schüler-Verhältnis entwickelt sich (...) an der Sache Musik, das gegenseitige Kennenlernen vollzieht sich, indem es sich an der Musik orientiert (NIERMANN, S. 66)*
- *Der Schüler (...) braucht (...) nicht den Lehrer selbst zu verstehen (...). Er braucht nur zu verstehen, daß der Lehrer seine Person einsetzt, um seine Rolle wahrzunehmen, daß er sich besonders gut (oder besonders schlecht) vorbereitet hat, daß er sein eigenes Wissen liebt, sich dafür begeistert usw. – aber nicht: daß er sich in den Beruf wirft, um von einer Liebschaft loszukommen oder daß er eigentlich lieber in der Sonne sitzen und seine Beine ausstrecken würde.*
  (...) Das entlastet den Schüler (und entlastet dann indirekt auch den Lehrer, der sich nicht darum bemühen muß, daß der Schüler ihn voll versteht /.../) (LUHMANN 1986, S. 100f.)

- Für die Lehrkraft im Musikunterricht ist es wichtig, daß sie die Schüler als junge Menschen und im Hinblick auf die kulturelle Umwelt des Musikunterrichts versteht:
  Entscheidend ist, daß die Schüler spüren, daß sie, ihre Musik und ihre Zugangsweisen zur Musik im Musikunterricht akzeptiert werden. (MÜLLER 1990, S. 275)
  Dagegen ist das Ansinnen, die Schüler und Schülerinnen durchwegs als Personen zu verstehen, ebenso illusorisch wie überflüssig:
  Als Regel des Unterrichts in Schulklassen liegt dieses Prinzip so weit ab von der Realität, daß ein Soziologe (aber auch ein Psychologe vom Zuschnitt Freuds) dazu neigen wird, die Fragestellung zu wechseln und sich nicht für die Realisierung dieses Programms, sondern für die Selbstillusionierung der Profession zu interessieren. (LUHMANN 1986, S. 85)
- *Die Komplementarität* (gegenseitige Ergänzung, A.L.) *des Lehrer-Schüler-Verhältnisses sorgt (...) für eine prinzipiell unaufhebbare Distanz, deren Verringerung eine Frage des Schüleralters und der Beziehungszeit ist. Der Versuch gerade junger Lehrer, diese Distanz aufzuheben oder zu ignorieren, scheitert immer wieder (KRÜGER, S. 810)*
- *Zudem ist das Lehrer-Schüler-Verhältnis immer ein Verhältnis auf Zeit, dessen Ziel (...) auf seine Beendigung nach Erfolg, also auf Trennung angelegt ist. (Ebenda)*
- *Eine subjektiv befriedigende berufliche Identität findet nur derjenige Lehrer, der (...) im Prozeß der Auseinandersetzung mit seinem beruflichen Lebensraum Person und Rolle zu koordinieren versteht. (LOSER/TERHART , S. 866)*
- *Funktionale Differenzierung* (Arbeitsteilung und Rollenübernahme, A.L.) *multipliziert die im System verfügbare Zeit und damit die Gelegenheit zur Problemlösung (WILLKE, S. 90)*
- *Vor allem kann soziale Komplexität durch zeitliche Differenzierung von fokalen Rollen (das sind Rollen, die eine Person in erster Linie spielt) aufgefangen werden. (Ebenda, S. 20)*
- *Fehlen solche strukturellen Lösungen, dann bleibt oft nur die 'Lösung', daß soziale Komplexität auf das Individuum abgeschoben wird und in Form von Rollenüberlastung und Rollenkonflikten neue Probleme schafft. (Ebenda)*

Unterricht ist an beständige Strukturen und Institutionen gebunden (bzw. ab einem gewissen Niveau selber Institution).

Nach Arnold Gehlen können

stabile Institutionen für Individuum und Gesellschaft folgende 'Leistungen' erbringen:
- sie erleichtern Verhaltensorientierung;
- sie schaffen Entlastung (und damit Freisetzung für andere Zwecke/Aktivitäten);
- sie machen das Handeln und seine Folgen voraussehbar;
- sie leisten eine Außenstützung der Motivationen. (SCHÄFERS, S. 116)

Im Rahmen dessen bedarf Unterricht eines gemeinsamen Selbstverständnisses der Beteiligten. – Entsprechende *Abstraktionsleistungen über das bloße Hier-und-Jetzt hinaus werden erforderlich, wenn (...) die Handlungsfähigkeit des Systems (...) angestrebt wird (WILLKE, S. 75).*

Solche „Abstraktionsleistungen" sind u.a.

- Spielregeln, die allgemein gelten und eingehalten werden (für die alltägliche Arbeit wie auch z.B. für die Zensurengebung)
- Ziele, die alle Mitglieder anstreben
- gewisse gleichbleibende Handlungsfolgen, mit deren Vollzug alle Mitglieder rechnen können. – Es
muß ein Ausgleich zwischen dem unterrichtsmethodischen Wechsel und der Beibehaltung verbindlicher, auf Dauer gleichförmiger methodischer Arrangements erreicht werden, etwa mit dem regelmäßigen gemeinsamen Singen, dem regelmäßigen Üben von Kenntnissen, dem regelmäßigen konzentrierten Hören eines Musikstücks oder dem regelmäßigen Üben des Verhaltens in einer Diskussion. (JANK 1992, S. 27f.)

Mit jenem Selbstverständnis ist nicht vorweg zu rechnen:

Die Inszenierungstechniken und Spielregeln schulischer Interaktion müssen von den Lehrern ebenso wie von den Schülern im Verlaufe ihrer Berufs- bzw. Schulsozialisation erlernt werden. (MEYER 1991, S. 124)

Im Hinblick auf gelingenden Unterricht haben alle Beteiligten ein Anrecht auf die Einhaltung dieser Regeln, Lehrer wie Schüler. (Insofern kann die Verantwortung dafür auch im *Schonraum* Schule – *GLÖCKEL, S. 324* – nicht nur dem Lehrer überlassen werden.)

Am Lehrer liegt es, seine definitive Rolle als Unterrichtender und damit als Autorität wahrzunehmen – statt in ihrer verleugneten Ausübung Angst davor zu haben. (Siehe PFEIFFER, S. 65f.)

Was für den Manager gilt, gilt auch für den Lehrer: he must be part of the system, anders kann er nichts ausrichten. (LUHMANN 1986, S. 115)

KRON (b, S. 267f.) unterscheidet nach der einschlägigen Literatur:

1. *Amtsautorität (...) aufgrund von Befehlsgewalt, die gesetzlich verankert ist (...)*
2. *Personautorität (...) aufgrund persönlicher Ausstrahlung und bestimmter Charaktereigenschaften (...)*
3. *Sachautorität (...) aufgrund von fachlichem Wissen und Können (...)*
4. *Auftragsautorität (...) aufgrund von Prozeduren übertragene zeitlich begrenzte und kontrollierte Sach-, Person- und Amtsautorität.*

Rollenverweigerung und unentschiedenes Lehrerverhalten stört:

Neurotisierend wirkt es auf Schüler, wenn Lehrer in vergleichbaren Situationen unterschiedlich oder gegensätzlich reagieren. Sie geben den Schülern ebenfalls Probleme auf, wenn sie nicht klar oder deutlich zum Ausdruck bringen, was sie möchten. Die Schüler verlieren die Orientierung, wissen nicht, woran sie sind, und handeln inadäquat, was den Lehrer wieder vor Schwierigkeiten stellt. (BACHMAIR, S. 113)

Das Unterrichtsgeschehen insgesamt resultiert aus der Wirksamkeit diverser Gegebenheiten. – Dazu zählen

- der institutionelle Rahmen
- Struktur und Geschichte der betreffenden Arbeitsgruppe (z.B. Schulklasse:

  In allen Schulklassen entwickeln sich spezifische Beziehungsstrukturen, die in unteren Jahrgängen wenig dauerhaft, in höheren Jahrgängen dagegen immer mehr verfestigt sind. – PERREZ u.a., S. 417)
- individuelle Voraussetzungen, Rollenverständnis und -spiel der Beteiligten
- Unterrichtsplan (siehe 4.1)
- äußere Umstände
- Interaktions- und Kommunikationsstrukturen.

Es ist als Mehrfachprozeß aus *Lehrer-Schüler-Interaktion (...) Lehrer-Schülergruppe-Interaktion (...) Schüler-Schülergruppe-Interaktion (PETILLON, S. 161)* auf keine Kurzformel zu bringen.

Der hohen Komplexität des Unterrichtsgeschehens kann jedoch mit pragmatischen, mit allgemeindidaktischen und mit musikdidaktischen Konsequenzen entsprechend begegnet werden.

Eine pragmatische Konsequenz ist die Verbindlichkeit bzw. die Durchsetzung von „Normen“:

> *Normen legen ein typisches Handeln fest, das in Situationen eines bestimmten Typs erfolgen soll. Damit entlasten sie das Individuum von der Notwendigkeit, ständig neue situationsgerechte Handlungsweisen zu entwerfen, und tragen zur Entwicklung konsistenter* (beständiger, widerspruchsfreier, A.L.) *Handlungssequenzen bei. (BAHRDT, S. 50)*

Auf den höheren Ebenen des Musikunterrichts (oberhalb der weiterhin tragenden Basis entlastender Automatisierung – z.B. durch das immergleiche Einnehmen bestimmter Plätze für eine bestimmte Aufgabe) dürfte die intelligente Kombination von Grenzen und Freiräumen einer durchgehenden, starren, schematischen (und langweiligen) Regelmäßigkeit überlegen sein.

> *In der Tat ist einsichtig, daß die Kombination von Rahmenregelungen und Beliebigkeit im einzelnen im Vergleich zu Detailregelungen eine drastisch erhöhte Komplexitätsverarbeitungskapazität begründet. (WILLKE, S. 21)*

Welches Verhältnis von Grenzen und Freiräumen im konkreten gelten soll, hängt vom Alter und von der entsprechenden Übung der Schüler sowie von der operativen Entwicklungsstufe der betreffenden Arbeitsgruppe (= von ihrer Handlungsfähigkeit und Effizienz) ab.

Eine weitere pragmatische Konsequenz ist die regelmäßige, sachdienliche Kommunikation im Interesse zielführender Kooperation:

> *Soziale Systeme bilden sich auf der Grundlage von Kommunikationen. Für ihre Kontinuität ist fortlaufende Kommunikation unerläßlich. (WILLKE,, S. 65)*

Dafür referiert HERKNER (S. 173) folgende Maximen gemäß dem *Kooperationsprinzip* nach H. P. Grice:

> *Sei so informativ, wie es notwendig ist, aber nicht informativer als nötig. (...)*
> *Sag immer die Wahrheit.*
> *(...) Sei relevant. Man soll nicht über Themen sprechen, die nicht Gegenstand des Gesprächs sind.*
> *(...) Sei klar und deutlich.*

Die zentrale allgemeindidaktische Konsequenz ist das Bemühen um guten Unterricht. – Dieser ist

> *gekennzeichnet durch wertvollen, für die Schüler (...) interessanten Inhalt, Anschaulichkeit, Mitarbeit in gemeinsamer Verantwortung gegenüber echten Aufgaben, Vermeidung von Leerläufen, reibungslose Organisation. (GLÖCKEL, S. 39, nach Rupert Vierlinger)*

Musikdidaktisch wird die „Inszenierung" des Unterrichts dadurch erleichtert, daß im Fachgebiet der Musik bestimmte Handelns- und Verhaltensweisen (z.B. bei der Einstudierung und Aufführung von Musik) gelten, die für Laien einsichtig und auf Unterricht übertragbar sind.

Als einschlägige Modelle kommen dafür beispielhaft in Frage:

- Spiel – als Daseinsform der Musik (siehe RICHTER 1975)
- Instrumentalensemble – als primär musikalische Arbeitsgruppe
- Studio – als aktueller Ort musikalischer Produktion
- Chor – als teils archaische, teils moderne Form des kollektiven Singens
- Tanz – als musikalisches Bewegungsritual
- Projekte (z.B. Aufführungen) -
  Lernaufgaben eignen sich besonders für kooperative Bearbeitung, wenn die Schüler dabei auch ein gemeinsames (...) Ergebnis erzielen können (PERREZ u.a., S. 423)
- Publikum – als rituelles Gegenüber musikalischer Produktion
- Kritik – als Lerngelegenheit für das Erkennen und Anwenden von Kriterien.

3.7 Zeit als pädagogisch-didaktische Kategorie

Wie auf die Musik (siehe BÄSSLER), trifft der Faktor Zeit unabweisbar auf *die pädagogischen Urphänomene Erziehung, Schule, Unterricht, Bildung und Lernen (MEINBERG, S. 207)* zu.

Diese Phänomene sind (im Unterschied zur Musik) Prozesse, deren Sinn und Berechtigung von ihrem Ziel und Ende her zu bestimmen und zu begründen ist. (Daher bezeichnen sie sowohl Vorgänge als auch Ergebnisse bzw. Einrichtungen: Unterricht findet in der Gegenwart für die Zukunft statt.)

Für die Zeitperspektive längerwährenden Unterrichts gelten folgende Kriterien (siehe auch ANTHOLZ 1978, S. 38):

- Einmaligkeit: Jeder Unterricht ist einmalig und nicht wiederholbar (im Sinne historischer Ereignisse)
- Regelhaftigkeit: Jeder zielführende Unterricht braucht zeitübergreifende Konventionen (Spielregeln etc. – siehe 3.6)
- Gegenwartsbindung: Jeder Unterricht ist von der Zeit (Epoche) abhängig, in der er stattfindet.
  Es gibt verschiedene Möglichkeiten, darauf zu reagieren; es gibt, auf längere Sicht, keine Möglichkeit, darauf nicht zu reagieren.
- Traditionsabhängigkeit: Jeder Unterricht ist von seiner Vergangenheit abhängig. Jeder Unterricht ist davon abhängig, wie stark diese Vergangenheit gegenwärtig ist.
  Jeder längerwährende Unterricht hat seine eigene Geschichte.
- Zukunftsorientierung: Gegenwart ist der temporäre Platz zwischen Vergangenheit und Zukunft. Unterricht, der darüber hinausführen soll, bedarf der Bereitschaft und Kraft, diesen Platz zu verlassen.
  Jeder solche Unterricht braucht erreichbare Ziele und erkennbare Zielpunkte.

Ähnlich der musikalischen Dualität von Wiederholung (z.B. durch Reihung gleichbleibender Elemente) und Nichtwiederholung (z.B. durch Entwicklung veränderlicher Elemente), gibt es für Unterricht zwei idealtypische Möglichkeiten der zeitlichen Anlage: „zyklisch" und „linear".

Im zyklischen Zeitverständnis wird Zeit in der (...) Wiederkehr von Ereignissen (...) erlebt. Das lineare Zeitverständnis ist durch die Erfahrung des Ablaufs von Tätigkeiten in einem nicht mehr umkehrbaren Kontinuum bestimmt (KRON a, S. 282).

Zyklische Ordnung ist z.B. durch gleichbleibende Wochenstundenpläne gegeben; lineare z.B. durch Unterricht in Projektform.

(Diese Ordnungen gelten für den pädagogischen Zeithorizont nur bedingt: Zyklen können die lineare, objektive Zeit nicht aufheben; längere didaktische Handlungssequenzen bedürfen, wie alles längerwährende Handeln, einer nachvollziehbaren, entlastenden, „rhythmischen" Gliederung.)

Pädagogische Ziele stehen zu unterschiedlichen Zeitmaßstäben in Relation. Sie beziehen sich auf

- Unterrichtsschritte
- Unterrichtsstunden,
- Tage, Wochen, Monate
- Semester, Jahre
- Lebensphasen
- Lebensspanne.

Je weiter pädagogische Ziele in die Zukunft verlegt werden, desto unsicherer wird ihre Erreichbarkeit:

Je weiter, sachlich und zeitlich gesehen, der Horizont beachtenswerter Folgen ausgedehnt wird (...), desto stärker beginnen die unbeabsichtigten Wirkungen zu dominieren, desto frustrierender werden pädagogische Lebensplanungen, und umso mehr empfiehlt es sich, (...) durch Prüfungen oder ähnliche Zäsuren zu interpunktieren. (LUHMANN 1992, S. 118)

Das bedeutet nicht, daß langfristige pädagogische Zielsetzung unmöglich oder sinnlos wäre, sondern: daß verbindlicher Unterricht realistischer Zeithorizonte bedarf.

Innerhalb dessen gilt es, die Nutzung der vorhandenen Zeit zu optimieren.

Hierfür dienen
- gute Arbeitsorganisation, zweckmäßige Techniken der Vor- und Nachbereitung, Vermeidung von Leerläufen, Selbstdisziplin,
- Delegieren von Aufgaben, Mitverantwortung der Schüler, Einrichtung von Klassenämtern,
- feste Ordnungen der Arbeit, des Raumes, der Zeit, der Pausen, des Zusammenlebens, die von Nebensächlichem entlasten und für Wesentliches freimachen,
- Zusammenarbeit und Arbeitsteilung im Kollegium bis hin zum Verbundunterricht (...) (GLÖCKEL, S. 307).

Die wichtigsten Relevanz-Zeit-Allokationen (Entscheidungen, was wann wichtig/er ist, A.L.) *im Lehrerberuf bestehen darin, (...) alternierende Prioritäten zu setzen. Dies gilt wegen der prinzipiellen Unverträglichkeit bestimmter Ziele des Unterrichts, die gleichwohl auf lange Sicht mit der gleichen Relevanz versehen werden sollen, schon für das Handeln im Unterrichtsgeschehen; das gilt wegen des (...) Mißverhältnisses von Unterrichtsverpflichtung und verfügbarer Planungszeit für die tägliche Unterrichtsvorbereitung. (DIEDERICH, S. 66)*

Im Unterrichtsgeschehen kann sich das divergierende Zeiterleben der Beteiligten (z.B. beim Hören von Musik – siehe 4.4.2) oder ihr unterschiedliches Arbeitstempo störend auswirken:

Unterschiedliche Zeithorizonte der Teile des Handlungszusammenhangs führen zu zeitlichen Diskontinuitäten, zu Anschluß- und Synchronisierungsproblemen; all dies bewirkt eine Steigerung der zeitlichen Komplexität (WILLKE, S. 94f.).

Synchronität als Übereinstimmung in der Aufmerksamkeit und im Arbeitsablauf kann für den Musikunterricht speziell durch Übernahme musikspezifischer Handlungsmodelle (siehe 3.6) angestrebt und erreicht werden.

Hilfreich für die Synchronität des Unterrichts sind im allgemeinen:

- die Gliederung des Zeitkontinuums in kleinere, überschaubare, in sich schlüssige Einheiten;
- deren (möglichst fein) abgestimmte Aufeinanderfolge;

- damit konforme Zäsuren;
- der planvolle Wechsel bzw. die konstruktive Kombination
  - verschiedener Praxisformen (siehe 4.4),
  - thematischer Ansatzpunkte (siehe 4.3),
  - von Medien, Sozialformen und anderen Elementen des Unterrichts (siehe 4.1).

4. Elemente des Musikunterrichts

4.1 Überblick

Unterricht als Geschehen kann aus mehreren Zeitperspektiven bedacht werden:

- vorher, speziell im Zuge der Planung
- währenddessen, in Handlung und Beobachtung
- nachher, speziell in kritischer Absicht.

Dem entsprechen

- die Unterrichtsplanung bzw. als deren Ergebnis der Unterrichtsplan
- der Unterrichtsvorgang bzw. für dessen Steuerung die Unterrichtsgestaltung
- der Unterrichtsertrag als Summe der unmittelbar oder mittelbar erreichten Ziele, und die Auswertung (Evaluation) des Unterrichts als Überprüfung des Verhältnisses von Unterrichtsvorgang und -ertrag.

Aus Gründen der Vereinfachung soll im weiteren sowohl auf eine musikdidaktische Feinbestimmung des Begriffes Unterrichtselement bzw. einzelner solcher Elemente (siehe KAISER/NOLTE) als auch auf eine umfassendere Darstellung ihrer Vernetzung (siehe MEISSNER) verzichtet werden. – Es sollen hier im Interesse vorläufiger Orientierung und Anregung nur Elemente angeführt werden, die für die Planung von (Musik-)Unterricht unmittelbare Bedeutung haben.

Als Zeitvorgabe für Unterricht kommen verschieden lange Fristen in Frage, innerhalb derer er stattfinden kann. Je länger diese Fristen, desto mehr kann aus dem Vorrat der Unterrichtselemente verwirklicht werden.

Für den konkreten Unterrichtsvorgang *kann der gedankliche Prozeß einer Unterrichtsplanung an sehr unterschiedlichen Stellen einsetzen (SCHORCH, S. 708)* – je nachdem, welchem Element im speziellen Planungsfall der Vorrang gegeben werden soll. (Dies kann der Kontinuität des Unterrichts, aber auch der Abwechslung dienen – oder äußeren Bedingungen gehorchen.)

Innerhalb der einzelnen Unterrichtselemente steht die Qualität ihrer spezifischen Möglichkeiten nicht vorweg fest, sondern ist vom konkreten Fall abhängig. So gibt es unter den prinzipiell tauglichen Unterrichtsformen keine guten oder schlechten, sondern solche, die einer bestimmten Aufgabe unter bestimmten Bedingungen angemessen sind, und solche, die es nicht sind.

Allgemeindidaktische Darstellungen der direkt einzuplanenden Elemente enthalten (wohl aus handlungstheoretischen Gründen – siehe OERTER, S. 253f.) bei annähernd gleicher Terminologie im wesentlichen folgende Elemente (alphabetisch):

- Arbeitsformen (aus Lehrersicht: darbietend, zusammenwirkend, aufgebend; aus Schülersicht: aufnehmend, zusammenwirkend, ausführend – siehe GLÖCKEL, S. 60. Weiters: Entdeckendes, Kreativitätsförderndes, Handlungsorientiertes, Offenes Lernen; Spiel, Diskurs – siehe ebenda, S. 142ff.. *Methodische Großformen*: *Lehrgang, Projekt, Trainingsprogramm, Lektion, Kurs, Unterrichtseinheit, Workshop, Praktikum, Exkursion, Vorhaben usw. – MEYER 1991, S. 143.* Spezielle Arbeitsformen des Musikunterrichts: siehe 4.4)
- Kontinuität als planvolle Beziehung kürzerer Einheiten (z.B. Unterrichtsschritte) zu längeren (z.B. Unterrichtsstunden)
- Schülerwünsche (siehe 3.5)
- Schwerpunkte des Lehrers (förderlich für die Profilierung und Verbindlichkeit des Unterrichts; hemmend in Richtung Einseitigkeit; prinzipiell erweiterbar und veränderbar)
- Sozialformen (Einzel- bis Großgruppenunterricht)
- Unterrichtsmittel (nach BECKER, S. 115ff.: Symbolische Dokumente, z.B. Texte; Bild-, Ton-, Bild-Ton-Dokumente; Anschauungsobjekte, z.B. Modelle; Arbeitsmittel, z.B. Musikinstrumente; Arbeitsmaterialien, z.B. Werkstoffe). – Eine genaue Zuordnung richtet sich nach dem Gebrauch; z.B. kann Notenmaterial als Symbolisches Dokument, Bilddokument, Anschauungsmittel, Arbeitsmittel und Arbeitsmaterial (Puzzle) verwendet werden.

- Unterrichtsprinzipien (z.B. Abwechslung, Anschaulichkeit, Erfolgssicherung, Gliederung, Learning by doing, Sachgemäßheit, Schülerbezug ...)
- Unterrichtsthemen (siehe 4.3)
- Unterrichtsziele (siehe 4.2)
- Zeitgestaltung.

Diese Elemente sind voneinander deutlich zu unterscheiden, spielen aber in verbindlichen Punkten ineinander, z.B.:

> *Über die Methode kann erst dann entschieden werden, wenn das Lernziel festgelegt ist. Denn: (...) Die Methode muß dem Ziel adäquat sein. KAISER/NOLTE, S. 139)*

– Solche Bezüge gilt es auf methodischer Ebene optimal zu nützen, z.B. in der verstärkenden Kombination bzw. in der ergiebigen Beschränkung von zusammenspielenden Unterrichtsmedien, etwa von Musik und Noten.

Für den Musikunterricht ist das Ineinander von Unterrichtselementen wegen der didaktischen Mehrwertigkeit von Musik typisch, indem Musik dort als

- Inhalt musikalischer Praxis (siehe 4.4)
- Sache bzw. Sachgebiet (siehe 4.3)
- akustisches Unterrichtsmittel

fungiert.

4.2 Ziele

> *Alles Handeln ist zielgerichtet, d.h., es ist auf ein Ergebnis ausgerichtet. (OERTER, S. 253)*

> *Zielsetzungen und daraus ableitbare Sollens-Vorschriften sind also notwendig. Sie sagen dem Menschen, wie er handeln und sich verhalten soll (DIETRICH, S. 70).*

Um für den Unterrichtsprozeß verbindlich zu werden, müssen Ziele mit den anderen Unterrichtselementen in sinnvoller Verbindung stehen.

Ohne die nähere oder fernere, offene oder versteckte Zielsetzung ist Unterricht in seiner Planung und seinem Verlauf weder zu begründen noch zu beurteilen, und sie ist das eigentliche Kriterium des Unterrichtserfolges. (GLÖCKEL, S. 170)

Damit ist die Zielsetzung, ob explizit oder implizit, ob bewußt oder unbewußt, im gegebenen Zeitrahmen die primäre Planungsvorgabe:

Die Entscheidung über Lern- und Lehrziele ist die wohl bedeutsamste von allen Unterrichtsentscheidungen. (PETERSSEN, S. 325)

Ziele sind relativ zu (alphabetisch)

- den „Adressaten" des Unterrichts, den Schülern
- den äußeren Unterrichtsbedingungen
- den didaktischen Möglichkeiten
- ideellen (z.B. allgemeinen pädagogischen) Vorgaben
- politisch-administrativen Vorgaben
- Sachen, Sachgebieten
- Traditionen
- Zeitvorgaben.

Eine schlüssige Ableitung der Ziele aus einzelnen dieser Bezugsgrößen ist nicht möglich,

- insofern diese voneinander abhängen bzw. einander bedingen
- weil Normen aus Tatsachen logisch nicht ableitbar sind (siehe 3.3.3).

Daß Ziele (als etwas Zukünftiges) aus Gegenwärtigem nicht logisch zwingend abgeleitet werden können, bedeutet jedoch nicht, daß Zielentscheidungen nicht nach bestimmten Kriterien zu treffen und zu rechtfertigen wären:

Ein musikalisches Lernziel kann nicht wahr sein; es kann aber sehr wohl plausibel erscheinen. (KAISER/NOLTE, S. 96)

Je genauer ein Ziel angegeben und je präziser es gesetzt wird, desto wahrscheinlicher ist seine Erreichbarkeit oder Nichterreichbarkeit. –

Je ausgiebiger und wirklichkeitsnäher die Erfahrung des Planenden, je größer sein Einfallsreichtum und Kombinationsvermögen, desto eher ist anzunehmen, daß sich seine entsprechenden Zielsetzungen als richtig erweisen. – Je ungenauer das Ziel, je geringer die Qualität der Planung, desto unverbindlicher werden beide.

Die Verbindlichkeit von Zielen ist gemäß dem „Thomas-Theorem“ aus den Folgen zu bestimmen, die ihre Setzung bewirkt:

> *If men define situations as real they are real in their consequences (WILLKE, S. 48).*

Aus den pädagogischen Ordnungsversuchen von Lernzielen, wie sie vor allem in den 1970er Jahren unternommen wurden (für Musik: siehe ABEL-STRUTH 1978, S. 52ff.), hat sich die Unterscheidung in Richt-, Grob- und Feinziele bewährt.

- *Richtziele (...) sind äußerst abstrakt gehalten und vieldeutig, so daß alternative Interpretationen möglich sind (PETERSSEN, S. 119).*
  Z.B.: Schüler sollen ein produktives Verhältnis zur Singstimme in der modernen Musikkultur entwickeln.
- *Grobziele (...) sind so konkret gehalten, daß zwar viele, aber nicht alle alternativen Interpretationen ausgeschlossen sind (ebenda).*
  Z.B.: Schüler sollen verschiedene Singweisen der massenmedial vermittelten Popularmusik genauer kennenlernen.
- *Feinziele (...) sind so eindeutig gehalten, daß nur eine Interpretation möglich ist (ebenda).*
  Z.B.: Einzelne Schüler sollen das Vokalstück O. des brasilianischen Komponisten und Sängers J. einstudieren und zur Play-along-Version A. stilgerecht singen.

Auch bei eindeutiger Zielbestimmung stehen im allgemeinen mehrere methodische Wege und inhaltliche Freiräume offen (z.B. im Grad der ästhetischen Verbindlichkeit: Soll das Ergebnis auf dem Status quo belassen oder perfektioniert und im Rahmen einer Aufführung präsentiert werden?)

> *Die Unterscheidung von Richt-, Grob- und Feinzielen hat sich als brauchbare Ordnungshilfe (...) erwiesen. Sie gibt aber nichts her für*

die Begründung von Zielen, und man kann insbesondere die konkreteren Ziele nicht aus den allgemeineren durch logische Deduktion 'ableiten'; denn in jede Konkretisierung gehen zusätzliche Merkmale ein, die wieder eigens begründet werden müssen (GLÖCKEL, S. 138).

Die Begründung allgemeiner Ziele für den Musikunterricht ist für moderne Gesellschaften schwieriger als für vormoderne:

Geschlossene Gesellschaften haben weniger Schwierigkeiten, einheitliche Zielstellungen zu formulieren
(...)
Pluralismus und Krisensituationen erschweren die Wertorientierung (DIETRICH, S. 68f.).

Wie oben (3.3.2, 3.3.3) gezeigt wurde, ist jedoch die Entscheidung für Pluralität, und im weiteren für ihre Sicherung, bereits die erste, richtungsweisende Wertentscheidung für einen modernen Musikunterricht der Gegenwart.

Für die fernere und nähere Vergangenheit hat Sigrid Abel-Struth musikpädagogische Texte von der Antike bis zu den 1970er Jahren erforscht (ABEL-STRUTH 1978, 1979) und schließlich (siehe ABEL-STRUTH 1985, S. 359ff.) drei typische Zielbestimmungen des abendländischen Musiklernens festgestellt:

1. „Ideale" Zielbestimmung

– in dem Sinn, daß ein bestimmtes *Idealbild des Menschen (ebenda, S. 359)* mit Musik in Verbindung gebracht wird, und daß der einzelne Mensch mit Musik/unterricht diesem Idealbild angenähert werden soll.

Solche Idealvorstellungen können einem traditionellen Leitbild (Ritter, Bildungsbürger, Höhere Tochter ...) entsprechen. Sie können aber auch allgemein der *Idee des humanen Sinnes von Musik (ebenda)* verpflichtet sein:

Dieser Humanum-Typus der Ziele pädagogischen Umganges mit Musik geht davon aus, daß Musik Möglichkeit ist zu Verstehen und Auslegen menschlicher Existenz. (Ebenda)

Diese Art der musikpädagogischen Zielbestimmung habe sich *als äußerst einflußreich für das Ansehen der Musikpädagogik (ebenda)* erwiesen.

2. „Materiale" Zielbestimmung

Wurde zur Zeit der Renaissance für einen gebildeten „Hofmann" unter anderem *gefordert: Musik, sicheres Singen geschriebener Musik, Gesang zur Violine, zur Viola, Tasteninstrumente (Baldassare Castiglione, nach 1500: DOLCH, S. 181),* so war damit auch eine Zielbestimmung im Sinn des „materialen" Zieltypus vorgenommen worden. – Dieser

> *richtet seine Intention vor allem auf das musikalische Material, seine auditive, technische und kognitive Bewältigung. (ABEL-STRUTH 1985, S. 360)*

In diese Zielrichtung weist z.B. die Definition von Heinz ANTHOLZ (1992, S. 244):

> *Fachunterricht in Musik definiert sich (...) als Erwerb musikalischer Fähigkeiten und Fertigkeiten sowie als Anstrengung musikalischen Denkens und Wissens.*

3. „Mediale" Zielbestimmung

Sollte die „ideale" Zielbestimmung auf einen durch Musik/unterricht gebildeten Menschen verweisen und die „materiale" Zielbestimmung schließlich zu praktischem und theoretischem Verständnis von Musik führen, so sollte nach der „medialen" Zielbestimmung *Musik vor allem als Medium außermusikalischer Ziele (ABEL-STRUTH 1985, S. 360)* eingesetzt werden:

> *Aufträge religiöser und politischer Erziehung wurden an den Musikunterricht delegiert. Dem medialen Ziel-Typus sind auch sozialpädagogische Absichten mit Musik, auch ihr therapeutisch-kompensatorischer Einsatz zuzuzählen. (Ebenda, S. 361)*

Aus aktueller Sicht muß gegenüber dieser Zielbestimmung an die Kluft zwischen außermusikalischen Aufträgen und der begrenzten außerästhetischen Verfügbarkeit von Musik über Menschen erinnert werden. Während nämlich ein Zusammenhang zwischen den (selbstgewählten) musikalischen Aktivitäten Jugendlicher und den damit korrelierenden Funktionen von Musik verifizierbar ist (siehe 3.5), erweist sich ähnliches für Versuche der verordneten Lenkung durch Musik/unterricht als mehrfach ungewiß bzw. fragwürdig (siehe 2.6 und 3.3.2.1).

– Dieser Vorbehalt gilt natürlich nicht gegenüber der Einplanung musikgestützter Entspannungs- und Erholungsphasen in den Unterricht sowie gegenüber den durch Unterricht vermittelten Erlebnisqualitäten bestimmter Musikpraxis. Er betrifft auch nicht die Möglichkeit, durch die qualifizierte Auseinandersetzung mit Musik und mit ihrem Kontext Sinn zu finden, mannigfache Anregung zu erfahren und Werte zu realisieren (siehe 2.6).

4.3 Thematik

Lernen kann man nur etwas, einen Inhalt, eine Sache, und man muß, um richtig zu lernen, ihrem Anspruch genügen. (GLÖCKEL, S. 169)

Nach der Zielsetzung ist die Auswahl der Unterrichtsinhalte der wichtigste Planungsschritt:

Die inhaltlichen Entscheidungen bleiben nicht nur das Wesentliche der Unterrichtsplanung, sondern auch der Didaktik. (...) Auch wenn sie nicht immer ausdrücklich formuliert werden, so stehen – objektiv gesehen – inhaltliche Fragen im Vordergrund der täglichen Unterrichtsarbeit. (ASCHERSLEBEN 1993, S. 7)

Das Erlernen von „Sachen" (im weitesten Sinn) ist nur in bzw. aus Einzelheiten möglich. (Dies gilt für alle Stufen des Lernens bis zur Expertenschaft.)

Welche Einzelheiten für einen bestimmten Unterricht ausgewählt werden sollen, kann zwar wissenschaftlich reflektiert und unterstützt, aber nicht wissenschaftlich entschieden werden. (Die Themenwahl wird jedoch im Alltag dadurch erleichtert, daß Unterricht für bestimmte Menschen unter bestimmten Bedingungen stattfindet.)

Kulturelle Inhalte werden erst im Transformationsprozeß der Bildung zu Bildungsinhalten (KRON a, S. 46).

Phänomene und Gegebenheiten sind dagegen noch keine Unterrichtsthemen:

Erst durch eine Zwecksetzung, eine Zielstellung und damit eine Bewertung wird aus einem beliebigen Sachverhalt ein mögliches Unterrichtsthema. (GLÖCKEL, S. 166)

Die Auswahl, Erstellung und Einplanung von Unterrichtsthemen kann sich einerseits an den Aufbauprinzipien des Unterrichts-Lehrganges (siehe GLÖCKEL, S. 190ff.) orientieren, andererseits daran, in welchem didaktischen Verhältnis der ausgewählte Teil zum Inhaltsganzen der Sache stehen soll.

Beispielhaft nennen KAISER/NOLTE (S. 121 – in aufbauender Reihenfolge) für die entsprechende *Auswahl exemplarischer Werke* im Musikunterricht

das Elementare (einfach, überschaubar, unmittelbar verständlich)
das Typische (kennzeichnend, mustergültig, ausgeprägt, unverkennbar-eigentümlich)
das Repräsentative (noch aktuell bzw. aktualisierbar)
das Klassische (künstlerisch besonders bedeutsam, besonders wertvoll)
das exemplarische Werk ('Musterbeispiel').

Die allgemeindidaktisch naheliegende Abstraktion von „Elementen" („Didaktische Reduktion" – siehe JANK/MEYER, S. 80) bedarf für den Musikunterricht der mehrfachen Differenzierung.

Erstens sind „Elemente" der erklingenden Musik nicht statisch-feststehend, sondern dynamisch-wechselhaft; das heißt, es werden in der Wahrnehmung jeweils kleinere analytische Einheiten (z.B. Töne) zu größeren synthetischen Einheiten (z.B. Tonfolgen, Motive) zusammengefaßt (siehe DE LA MOTTE-HABER 1985, S. 106).

Zweitens
werden musikalische Einheiten (...) aus ihrer Verwendung im musikalischen Kontext definiert. Ihre Größe wird erst nachträglich fixiert,

wenn vergleichend festgestellt wird, auf welcher hierarchischen Ebene das Geschehen beobachtet und damit, auf welche Einheit (einen Klang, eine Akkordverbindung, ein Thema, einen Halbsatz, ein Motiv, eine Floskel usw.) zurückgegriffen wird. (KLEINEN, S. 46)

Drittens besteht die Gefahr, die konkrete Musik ausschließlich als Anwendungsfall abstrahierter „Elemente" und Gesetzmäßigkeiten aufzufassen.

Im Gegensatz zur Wissenschaft allerdings ist für die Kunst der Einzelfall konstitutiv. Ihr Ziel ist es nicht, vom Einzelfall zu abstrahieren und ihn unter allgemeine Zusammenhänge zu subsumieren, sondern im Einzelfall selbst zugleich das Allgemeine zum Ausdruck zu bringen. (HENCKMANN/LOTTER, S. 246)

Jener Gefahr kann begegnet werden durch

- die funktionsbezogene und musikpraktische Präsentation von „Elementen"
- geeignete Vermittlung des Verhältnisses von Elementen zu größeren Ganzheiten
- Thematisierung allgemeiner Gestaltungselemente (siehe unten – 2. Gestaltung)
- das Bewußtmachen des artifiziellen Eigenwertes bestimmter Musik/stücke, des Verhältnisses von Konkretem und Abstraktem sowie der Eigengesetzlichkeit und des Wertes von Abstraktionen
- didaktische Abwechslung zwischen der Vorgabe von Verallgemeinerungen und dem eigenen Auffinden von Elementen, Gestaltungsweisen und Gesetzmäßigkeiten
- sinnvolle Reduktion (allgemein musikalisches Beispiel: Klavierauszug).

Detailverbindliche Themen für den Musikunterricht können aus der zielführenden Verbindung thematischer Ansatzpunkte gebildet werden.

Ein Ansatzpunkt allein ergibt noch kein Unterrichtsthema; ein solches kann erst durch die Verbindung von zwei oder mehreren solchen Punkten entstehen. „Die Trompete" ist ein Thema, aber kein Unterrichtsthema; „Die Trompete als musikalisches Symbol von Macht und Herrschaft" ist ein solches.

Ein Thema muß eine zu lösende Spannung zwischen mindestens zwei Polen vorgeben, durch welche der Unterrichtsprozeß in Gang kommt, von der er in Bewegung gehalten wird und durch deren Lösung er zu einem sinnvollen Abschluß gelangen kann.

Die folgende Übersicht soll die Fülle der aktuellen thematischen Ansatzpunkte vor Augen führen. (Überschneidungen, „changierende", wechselhafte Zuordnungen sowie Mehrfachbezüge sind dabei nicht nur unvermeidlich, sondern für Musik und für musikalische Allgemeinbildung konstitutiv. – Vollständigkeit ist nicht beabsichtigt. – Die übergeordneten Kategorien 1. bis 6. sowie die einzelnen Ansatzpunkte sind, entsprechend dem dabei erstgenannten Wort, alphabetisch gereiht.)

1. Gegenwart und Geschichte
   - Alte europäische Musik (z.B. Gregorianischer Choral, Musik aus der Barockzeit)
   - (afro-, euro-, lateinamerikanische Tradition)
   - Europäische Musik des 20. Jahrhunderts
   - Geschichte als erzählte Geschichte
   - Historische „Linien", Gliederungen, Dauern, Einheiten; historischer Wandel etc.
   - Klassisch-romantische Tradition
   - Musik der Gegenwart; Musik in der aktuellen Kultur (siehe 3.3.2.2)
   - Phänomene und Traditionen außereuropäischer Kultur
   - Tradition, Innovation
   - Stile; Stilunterschiede, -wechsel, -brüche, -mischungen
   - Varianten innerhalb einer Tradition bzw. Kultur
   - Vernetzungen mit 2. bis 6.
2. Gestaltung

   a) Material (relativ zu einer bestimmten Art von Musik bzw. zu einer bestimmten Musik)
   - Analogien (siehe 3.2.2.d und 4.4), Ausdrucksmuster, Wirkung/Deutung bestimmter musikalischer Elemente
   - Harmoniefolgen, Harmonien, Akkorde, Zusammenklänge
   - Klangfarben; Klangfärbungen: Timbre, „Ton"(gebung)

- Klangimpulsfolgen (kurz...lang, schwer...leicht, regelmäßig – unregelmäßig)
- Klangfolgen (laut...leise, nah...fern, hell...dunkel, hoch...tief, spitz...rund etc.)
- Melodien, Tonfolgen, , Töne
- „Programm" (deklariert, nicht deklariert)
- Rhythmen, Metren, Takt
- Sound, Klangspektrum
- Sprache (Wörter), Text (Worte)
- Stimmen (in mehrstimmiger Musik)
- etc.

Jeweils „Kleineres" kann für jeweils „Größeres" als Material Verwendung finden.

b) Allgemeine Gestaltungsmöglichkeiten
- Entsprechung (erfüllte Erwartung), Nichtentsprechung (nicht erfüllte Erwartung)
- Gleiches, Verschiedenes, Ähnliches; deren Kombination (z.B. Variation)
- Kontinuität, Wechsel
- Kontraste (stark...schwach), Übergänge (merklich...unmerklich), Steigerungen etc.
- Mustererfüllung, Abweichung, Freiraum
- Symmetrie (z.B. Strophe), Asymmetrie (z.B. Rezitativ)
- Vordergrund („Figur"), Hintergrund („Grund")
- Wiederholung (einfach, mehrfach, vielfach); Nachahmung
- etc.

c) Musikspezifische Gestaltungsmöglichkeiten
(teils konzeptiv, teils interpretatorisch, teils beides)
- Arrangement, Begleitung
- Bezug zu Analogien, zu „Programm", Text, Sprache etc.
- Direkte (z.B. über Computer), indirekte (z.B. über Notation) Herstellung; Mischformen; Weiterverarbeitung des Ergebnisses (z.B. Variation, Collage, Covering etc.)
- Diverse Kompositionstechniken

- Dynamik, Agogik
- Gliederung, Steuerung des musikalischen Prozesses (Formprinzipien, Formgebung, „Architektur")
- Individuelle/allgemeine Sing- und Spielweisen, Artikulation, Phrasierung
- Klanggestaltung, Instrumentation, Klangverarbeitung, Sound Sampling, Sound Design
- Kombination mit anderen ästhetisch/künstlerischen Bereichen
- Notation (Gebrauch)
- Melodik, , Harmonik etc.
- Satz
- Tonalität, Atonalität etc.

d) Ergebnis (Prozeß, Produkt)

- Anwendung, Kombination bestimmten Materials bzw. bestimmter Gestaltungsmöglichkeiten
- Entsprechung/Brauchbarkeit für bestimmte Funktionen
- Erfüllung/Nichterfüllung bestimmter Muster, Konventionen
- Ergiebigkeit für bestimmte Analogien; Affinitäten bzw. Verbindungen zu anderen ästhetischen Bereichen
- Form der Realisation; Erfüllung gattungsspezifischer Ansprüche (z.B. Sakralmusik, Hintergrundmusik); Präsentationsweise (Aufführung, Performance, Wiedergabe)
- „Korrespondenzen" (Beziehungen/Vergleich) betreffend: einzelne Teile – ganzes Produkt; dieses Produkt – andere Produkte; Notation – Klangergebnis; geschaffene Struktur – gehörte Form u.a. (siehe RAUHE/REINECKE/RIBKE, S. 112f.)
- Repräsentanz eines bestimmten Typs von Musik (z.B. in Besetzung, Stil, Form)
- Stilistische Entsprechung/Abweichung
- Verhältnis Erlebnis- und Wirkungsmuster : musikalische Mittel.

Zu 2. generell: Vernetzungen a) – b) – c) – d) sowie Vernetzungen mit 1. und 3. bis 6.

3. Instrumentarium (Instrumente, Stimmen, Apparaturen, Medien)

- Ästhetische/kulturelle Präsenz (Verwendung, Image...) von Instrumenten, Apparaturen usw.
- Audio/visuelle Medien
- Aufnahme, Speicherung, Wiedergabe
- Elektronische Klanggestaltung
- Instrumente (verstärkt, nicht verstärkt, synthetisch, durch Sampling)
- Kombinationen (Ensembles, Besetzungen)
- Menschliche Stimme (siehe Instrumente)
- Notation (als Mittel)
- Verhältnis Apparate : Räume; Raum/Klangwirkungen, Klangpräsenz, Klangfülle (z.B. Film-/Fernseh-/Live-Ton)
- Vernetzungen mit 1., 2. und 4. bis 6.

4. Kultureller Kontext
   - Deutung, Auffassung, Stellenwert von Musik
     - in ästhetischer Hinsicht (als Kunstphänomen);
     - in außerästhetischer Hinsicht (feste Zuordnungen zu bestimmten Denkweisen, Emotionen, Vorstellungen usw., z.B. als Symbol)
   - Erforschung (wissenschaftliche Deutung), Systematik
   - Lernen
   - Musik in verschiedenen Lebensbereichen (aktuell/historisch, z.B. Musik und Macht, - Religion, - Alltag, usw.)
   - Präsentation, Verbreitung, Vermarktung von Musik
   - Verbindung mit anderen ästhetischen Bereichen (Tanz, Film, Theater usw.)
   - Vermittlung (z.B. Lehre)
   - Verwendung (siehe 3.1.3: kulturelle Funktionen)
   - Vernetzungen mit 1. bis 3. und 5., 6.

5. Personen
   - Ausübende (Realisation, Interpretation, Improvisation)
   - Individuen im Mitvollzug von Musik (siehe 3.1.3.g) sowie deren Teil-/Summen (Publikum, Konsumenten...)
   - Mit Musik auf andere Art befaßte Personen (z.B. im Management)
   - Musikherstellende (Komposition, Arrangement, Aufnahme etc.)
   - Präsentation, Stilisierung von Personen (Image – Mythos – Wirklichkeit; Privatheit – Öffentlichkeit usw.)
   - Professionalität, Semiprofessionalität, Amateure, Dilettanten
   - Vernetzungen mit 1. bis 4. und 6.

6. Repertoire/ausschnitte
   - besetzungsspezifisch
   - gattungsspezifisch
   - Individualität von Produkten, Prozessen (Kompositionen, Produktionen, Aufführungen, Aufnahmen, Veranstaltungen etc.)
   - kulturspezifisch
   - personenspezifisch
   - stilspezifisch
   - zeitspezifisch
   - (in anderer Hinsicht, z.B. Kompositionsweise, Formgebung)
   - Vernetzungen mit 1. bis 5.

Für die Planung konkreten Unterrichts liegt es nahe, gemäß der Zielsetzung einige realistische, naheliegende Ansatzpunkte auszuwählen, daraus entsprechende Themen sowie zielführende thematische „Linien" zu bilden, mit den geeigneten Praxisformen zu vernetzen und auf den Zeitplan abzustimmen.

Im übrigen sollen nur Themen vermittelt werden, die sich nachweislich vermitteln lassen. Musikalische Allgemeinbildung soll ausschließlich in der Auseinandersetzung mit detailverbindlichen Themen/linien sowie aus deren sinnvoller Vernetzung bzw. Addition (durch Überblicke, Zusammenfassungen, Musikprojekte, interdisziplinäre Verbindungen usw.) angestrebt werden. (Siehe 3.1.2.b,c)

4.4 Praxisformen

Wo Musikunterricht mit sachspezifischen Aktivitäten übereinstimmt (siehe 3.6), sind die entsprechenden Praxisformen im wesentlichen vorgegeben.

Im übrigen kann im allgemeinen Musikunterricht eine Reihe spezieller Praxisformen zur Anwendung gelangen. – In aktueller Fortführung der Systematik von Wilfried FISCHER (siehe dort, S. 133) sind dafür folgende Lern- bzw. Lehrformen (alphabetisch) zu nennen:

1. Erfinden
2. Musikhören; Musikpräsentation
3. Musizieren; Musikproduktion
4. Notation
5. Reflexion; Information
6. Singen
7. Tanz
8. Umsetzen
9. Weitere Praxisformen.

Diesen Praxisformen sind jeweils ähnliche bzw. nächstverwandte Formen zuzuordnen (z.B. zum Singen: Stimmgebrauch verschiedener Art).

Der Wert einzelner Praxisformen steht nicht absolut fest, sondern ist relativ zu den Zielen, Inhalten und Bedingungen des Musikunterrichts. (Siehe 4.1) – Dabei ist zwischen ihrem methodischen Wert und ihrem Eigenwert (als erreichbare/erreichte Fertigkeiten) zu unterscheiden.

Im Verlauf des Unterrichts kann die Konzentration auf eine Auswahl einzelner Praxisformen im Sinne der Detailverbindlichkeit (siehe 3.1.2 c) nützlich sein; zum anderen vermag die sinnvolle Kombination verschiedener Praxisformen den Ertrag des Unterrichts zu steigern (siehe z.B. 3.2.2 a).

Da die einschlägige Literatur zum Musikunterricht eine kaum überschaubare Fülle von methodischen Anregungen zu den einzelnen Praxisformen enthält, werden im folgenden dazu nur einige musikdidaktische Hinweise gegeben.

1. Erfinden

Jede Bewältigung einer Sache, die nicht vollständig der Routine unterliegt, ist von Vorwegnahmen ideeller und realer Art, von Irrtümern, Überraschungen, Entdeckungen etc. begleitet – und Lernen, das noch nicht an sein Ziel (= an sein Ende) gelangt ist, ist eine solche Form des Bewältigens.

Erfinden – die funktionelle Kombination von Intuition und Konstruktion – ist in einem bestimmten Ausmaß Bedingung und Begleitung jeglichen Lernens auf höherer Stufe.

Das, was man beim Menschen etwa Kreativität, Phantasie oder einfach Denken und geistige Produktivität nennt, ist nichts anderes als die Produktion neuer Komplexität. (WILLKE, S. 38)

In der Musik spielt Erfinden für ihr Zustandekommen, wie auch für ihre Vermittlung und für die Auseinandersetzung mit ihr, eine besondere Rolle.

Erfinden kann musikdidaktisch hervorgehoben werden und von allen dafür geeigneten thematischen Ansatzpunkten aus (siehe 4.3) in mehrfacher Richtung angeregt und ins Werk gesetzt werden – in Richtung Improvisation, Begleitung, Paraphrase, Komposition, Klanggestaltung; Deutung und Funktionalisierung von Musik; Analogiebildung; Präsentation und Aufführung von Musik usw.

Erfinden kann/soll im einzelnen durch Vorgaben (produktive Impulse) angeregt und durch förderlichen Freiraum ermöglicht werden.

Auf höherer Stufe gilt speziell für den kunstorientierten Unterricht:

Auch die kreative Leistung, gerade sie, basiert auf solidem Wissen und Können, vielseitiger Betätigung und Erfahrung, einem reichen Fundus an Bildern und Vorstellungen, die man durch fleißiges Lernen einmal erworben haben muß, einem immer tieferen Eindringen in die Sache. (GLÖCKEL, S. 143)

2. Musikhören; Musikpräsentation

Musikhören kann sich gemäß der Komplexität musikalischer Wahrnehmung (siehe 3.2.1) auf sehr unterschiedliche Aspekte bzw. Elemente der Musik beziehen; entsprechend den Funktionen von Musik (siehe 3.1.3) kommen dafür diverse Arten des Musikhörens in Frage.

Verschiedene „Hörweisen" (siehe RÖSING 1993 a, S. 118) bzw. „Rezeptionskategorien" (siehe Hermann Rauhe: RAUHE/REINECKE/RIBKE, S. 138ff.) sind jedenfalls relativ zu drei Größen (siehe RÖSING 1985, S. 44ff.):

- zur Person des Hörers (zu seinen Erfahrungen; zu seiner Aufmerksamkeit; zu seiner Motorik, Reaktion, Emotionalität; zu seinen Assoziationen und Vorstellungen; zu seinem laienhaften bzw. expertenmäßigen Mitvollzug musikalischer Prozesse etc.)
- zur Situation des Hörens (Alltag, Konzert, Kino, Kirche, Unterricht usw.) –
  Die Wirkung, die der Hörer in einer konkreten Hörsituation von der Musik erwartet (intendiert), löst ein bestimmtes Hörverhalten aus. (LEHMANN, S. 263)
- zur gehörten Musik.

Für den Musikunterricht ist von Interesse, daß das Musikhören in verschiedenen Bewußtheitsgraden stattfinden kann, die gewöhnlich wechseln:

> *Abschweifen der Aufmerksamkeit, Träumen, fragmentarisches Hören, Genießen der 'schönen Stellen', Vergegenwärtigung von Erinnerungen, die die Musik hervorruft; sprunghafte Wechsel zwischen Musik und anderen Bewußtseinsinhalten; Sprunghaftigkeit, Fragmenthören, Inkohärenzen sind nicht Ausnahme, sondern die Regel (KLEINEN, S. 54).*

Den Erfolg und Ertrag des Musikunterrichts vermag ein didaktisch ergiebiges Verhältnis von funktionellem (anderen Aktivitäten zugeordnetem), involvierendem (genießendem) und distanziertem (beobachtendem) Hören z u fördern.

Um – vor dem Erfahrungshintergrund der Schüler – der jeweils präsentierten Musik und ihrer *auratischen Kraft (SCHÜTZ 1996, S.*

93) zu entsprechen, verdient der Umstand besondere Beachtung, daß unterschiedliche Sound-Qualitäten Musik in essentiell unterschiedlicher Weise präsent werden lassen. Daher sollte die Wahl und die Steuerung des Klanges – Schallquellen, Lautstärke, Klangmischung, Ein-/Ausblenden etc. – bei der Musikwiedergabe bewußt erfolgen, aber auch der äußere Rahmen der Musikpräsentation bedacht werden.

Musikalische Aufmerksamkeit und Differenzierung des Musikhörens kann einerseits durch spezifisches Training von Anfang an (zu einzelnen Inhalten siehe 4.3: Thematische Ansatzpunkte, 2. – sowie z.B. VENUS, S. 61ff.), andererseits durch entsprechende Musikpräsentation erreicht bzw. gesteigert werden.

Förderlich für die gelingende Präsentation von Musik im Musikunterricht ist im einzelnen

- der sinnvolle Zusammenhang mit dem übrigen Unterrichtsgeschehen
- die Wahl ansprechender Musikbeispiele
- die live-Realisation vor Ort
- die Vorwegnahme bzw. die nachgeholte Vergegenwärtigung bestimmter Stellen
- die vorbereitende bzw. nachgetragene Einbeziehung eigener Musikpraxis (siehe z.B. LEMMERMANN, S. 281f.: „Themenbrücke" – die Vergegenwärtigung einzelner Themen bzw. Teile im Hinblick auf das ganze Musikstück; „Liedbrücke" – das Singen oder Spielen eines Vokalstückes, welches im betreffenden Werk vorkommt; „Teilrealisation" – die schulpraktisch arrangierte Wiedergabe eines dafür geeigneten Werkausschnittes)
- die Unterstützung durch Noten, Verlaufsskizzen etc.
- die Aufmerksamkeitsstützung bzw. -steuerung über akustische oder optische Anhaltspunkte (z.B. Synchronpunkte); desgleichen über mentale Anhaltspunkte (z.B. zum Gesamtverlauf bzw. zu einzelnen markanten Momenten)
- die Wiederholung aus anderer „Perspektive" (z.B. in deutlich anderer Interpretation oder mit anderen Vorinformationen)
- die Aktualisierung durch Analogien (z.B. über Video, über Handlungsanalogien, über tänzerisch-choreographische Elemente).

Damit kann speziell der kurzen Halbwertzeit des Erinnerns verklungener Musik begegnet werden.

3. Musizieren; Musikproduktion

Die Durchführung musikalischer Prozesse mit Instrumenten kann im herkömmlichen Musikunterricht – je nach den Fähigkeiten der daran Beteiligten – auf sehr unterschiedliche Art stattfinden.

Prinzipiell kommt dafür in Frage:

- der Gebrauch von Instrumenten, deren Part von Laien für punktuelle Aufgaben übernommen werden kann (Metrische Höhepunkte mittels Triangel, Kadenzbegleitung mittels Gitarre, Funktionsbässe mittels Kontrabaß oder Pauken usw.)
- die Einbeziehung von vorhandenen instrumentalen Fertigkeiten von Schülern/ Lehrern/Professionellen
- der musikalische Gebrauch traditioneller schulpraktischer Instrumente ad hoc oder nach Übung
- die musikalische Benützung von Schallquellen beliebiger Art nach der Tradition der „Auditiven Wahrnehmungserziehung“ (siehe 5.2)
- elementares Dirigieren
- der Gebrauch von elektronischen Aufnahme-, Klangherstellungs- und Wiedergabe-Apparaturen
- die Verwendung (bzw. Herstellung) von gebrauchsfertigem Musiziermaterial (z.B. elektronisch gespeicherte Rhythmen, Play-along-Medien)
- die Adaption von Elementen musikalischer Performance.

Musizieren kann für diverse thematische Ansatzpunkte ergiebig sein (siehe speziell 4.3: Gestaltung, Instrumentarium). Im besonderen kann es, wie das Singen, zur notwendigen „figuralen Repräsentation“ von Musik (siehe 3.2.2 a) führen.

Im Interesse ästhetischer Verbindlichkeit des Musikunterrichts sollte Schülern das Wechselverhältnis zwischen elaborierter Klangherstellung und elaborierter Musik in zunehmenden Feinheitsgraden bewußtgemacht werden.

Musizieren im Unterricht sollte stets eingebunden sein in ein didaktisches Konzept. Nur so läßt sich ein blinder Aktionismus vermeiden. (ERWE, S. 203)

Wo im Musikunterricht musikpraktische Ziele verfolgt werden, können diese unter gegebenen Bedingungen (siehe 3.1.4 sowie 3.3.3.4) mithilfe entsprechender Musikproduktion erreicht bzw. dokumentiert werden.

Aufführungen und Aufnahmen von Musizierprozessen (bzw. die Herstellung und Verbreitung fertiger musikalischer Produkte) geben den daran Beteiligten neben der produktiven Motivation (siehe 2.5.1) die Möglichkeit zur Überprüfung, zur Kritik, zur Verbesserung, zur Perfektion, zur begründeten Anerkennung und womöglich zur Verwertung ihrer erreichten Fähigkeiten und Leistungen.

In dem Maß, in dem durch Musikunterricht solche Möglichkeiten realisiert werden, verliert er den Als-ob-Charakter und die musikalisch-kulturelle Quarantäne-Situation schulischen Unterrichts.

4. Notation

Notation kann für den Musikunterricht mehrfach von Belang sein (siehe auch 4.1: Unterrichtsmittel) – als

- Medium für Musizieren und Singen, Musikhören/-präsentation und Erfinden – indem sie als Vor-Schrift Verwendung findet
- Medium für die Auseinandersetzung mit schriftlich aufgezeichneter Musik – indem sie als Nach-Schrift gelesen (und insofern ihr Ergebnis als Notentext verstanden) werden kann
- Hilfsmittel des Musiklernens und der Musiktheorie; nicht zuletzt für die Erkenntnis dessen, was an Musik mit welcher Art von Notation schriftlich festgehalten werden kann, und was nicht
- musikalisch-graphische Aktivität.

In ihrer zielführenden Verbindung mit den anderen Praxisformen kann die Notation ihre spezifische Funktion im aktuellen Musikunterricht erfüllen. (An der faktischen Erfüllung dieser Funktion wäre sie musikdidaktisch zu messen.)

5. Reflexion; Information

Wörter (...) sind ein Schlüssel für unsere vergangenen Erfahrungen, die unseren Sinnen als Modell der Unterscheidung dienen. (BRODBECK, S. 81)

Erst durch Benennungen, sprachliche Symbole, werden Kinder dazu befähigt, das Gemeinsame verschiedener Situationen zu erfassen. Beispielsweise nehmen Kinder unterschiedliche Tonhöhen wahr, doch erst durch die Hilfe eines begrifflichen Systems für Tonhöhen und ihre Unterschiedlichkeit entfaltet sich die von der Wahrnehmung ausgegangene volle Differenzierung; erst mit Hilfe der Sprache wird die Wahrnehmung auf die Stufe eines höheren Allgemeinheitsgrades gebracht. (ABEL-STRUTH 1985, S. 258)

– Jene „vergangenen Erfahrungen" aber müssen vorher gemacht worden sein. (Siehe 3.2.2 a)

Charakteristisch für den Musikunterricht ist im Bereich der Reflexion die spezifische Mehrfalt der betreffenden Möglichkeiten, sich mit Musik auseinanderzusetzen. – Sie umfaßt im wesentlichen die Aktivitäten (alphabetisch)

- Abstrahieren
- Analysieren
- Anwenden von Kriterien
- Beschreiben
- Bewerten
- Deuten, Interpretieren
- Erfassen interdisziplinärer Zusammenhänge
- Finden von Kriterien
- Fragen, Problemerkennen

- Vergleichen
- Zuordnen.

Diese Aktivitäten setzen zureichende Information voraus und können selbst als Basis weiterer Information dienen. (Wo immer es möglich ist und sinnvoll erscheint, sollen den Schülern mit entsprechender Unterstützung Aufgaben der Information und der Informationsbeschaffung übertragen werden.)

Wie jede Praxisform im allgemeinen Musikunterricht bedürfen auch die genannten Aktivitäten konsequenter Vernetzung mit anderen Praxisformen sowie entsprechender Vorbereitung, Durchführung und Übung. – Im besonderen sollte die Reflexion im Musikunterricht so musiknahe als möglich erfolgen bzw. an der Musik selbst gemessen werden.

Musikverständnis kann im übrigen nur über die intensive Rückkoppelung musikpraktischer und musiktheoretischer Verständnisprozesse, über die Vergegenwärtigung sinnlicher und sinnhafter Momente der Musik erreicht werden:

> *Ohne Sinnlichkeit würde uns kein Gegenstand gegeben und ohne Verstand keiner gedacht werden. (Immanuel Kant: MAAS 1989, S. 9)*

> Doch

> *die Fähigkeit, Wortbedeutungen in Beziehung zueinander setzen zu können, und zwar im Falle der Musik Bedeutungen, die auf musikalischer Hörerfahrung und umfangreicher vergleichender Materialerfahrung beruhen, setzt komplizierte (...) Lernvorgänge voraus. (ABEL-STRUTH 1985, S. 258)*

6. Singen

Singen kann als älteste europäische Praxisform des Musikunterrichts nach der Antike gelten. (Siehe 5.1.2)

Auch heute noch umfaßt die Palette der musikdidaktischen Einschätzung des Singens alle Schattierungen zwischen Idealismus und Realismus:

Wenn geäußert wird, die Stimme sei das ursprünglichste Musikinstrument des Menschen, die Schüler/innen müssen im Unterricht lernen, mit ihrer Stimme umzugehen, stimmlich-musikalische Ausdrucksmöglichkeiten bewußt zu erfahren, so klingt eine solche Äußerung eigentlich zu idealistisch, um in der Unterrichtswirklichkeit immer wahr zu sein, wenn man feststellen muß, wie mühsam oder auch wie oberflächlich im Unterricht oft gesungen wird, wie wenig Ziel und Praxis zusammenfallen.
Gegen die Behauptung, wenn die Schüler/innen in der Schule nicht singen lernen, singen sie auch später nicht mehr, lassen sich zahlreiche Beispiele anführen, wonach Menschen gerade außerhalb der Schule das Singen gelernt haben (REINFANDT, S. 149).

Für den aktuellen Musikunterricht sind folgende Aspekte des Singens von Belang:

- die überaus starke, weltweite Präsenz des Singens in der aktuellen Musikkultur in verschiedenen Stilrichtungen und unterschiedlichen Graden des Artifiziellen
- die musikalische Bandbreite vokaler Aktivitäten der Sprechstimme und Singstimme in vielfachen Facetten der Stilisierung (auch was als „natürlich“ gilt, ist eine bestimmte – eben die als „natürlich geltende – Stilisierung menschlicher Stimmgebung; siehe 3.1.3 g)
- die Bandbreite vokaler Besetzungen (solistisch bis mehrchörig) und ihre musikalische Einbettung (Begleitung, Arrangement etc.)
- die aktuelle Variabilität der Klangpräsenz von Stimmen (live, über Mikrophon, über Klangverarbeitung diverser Art)
- die menschliche Stimme in ihrer psychophysischen Vernetzung
- Gesang als Leitphänomen abendländischer Musikgestaltung
- rituelle Funktionen, Mythen und Kulte des Singens
- das textgebundene vokale Repertoire als Summe stilisierter menschlicher Lebensäußerungen
- Singen als didaktischer Weg zum musikpraktischen Verstehen.

Geeignete Ausschnitte aus dieser Vielfalt können musikalisch ergiebig nur dann vermittelt werden, wenn sie auf Musik hin realisiert werden.

Daher soll, stellvertretend für alle weiteren musikdidaktischen Überlegungen dazu, daran erinnert werden, daß längerwährender

Musikunterricht auch (und speziell) für die Praxisform Singen nicht irgendwelche kunstfernen Rituale, sondern *musikalische Zusammenhänge (LEMMERMANN, S. 201)* zum Inhalt haben sollte.

Im übrigen gelten für das Singen als eigenen Bereich des Musikunterrichts die gleichen ästhetisch-didaktischen Konsequenzen wie für die Musikproduktion (siehe oben).

7. Tanz

Als Übernahme bzw. Adaption von Tänzen und tänzerischen Aktionen unterschiedlicher Herkunft, die unter bestimmten Bedingungen (Alter und Geschlechterverhältnis der Schülergruppe) für den Klassenunterricht geeignet sind, ist diese Praxisform im Musikunterricht geläufig. (Daneben können auch andere musikalische Bewegungsformen, z.B. Body Percussion, zur musikdidaktischen Anwendung kommen.)

Ob die weite Verbreitung des Tanzes im 20. Jahrhundert im professionellen Bereich (speziell während der letzten Jahrzehnte in den Kunst- und Präsentationsformen der Popularmusik) sowie im semiprofessionellen und Amateur-Bereich dazu beitragen kann, den Tanz als artifizielle Praxisform höherentwickelten Musikunterrichts zu etablieren, ist derzeit nicht absehbar.

8. Umsetzen

Die praktische Anwendung von Analogien (siehe 3.2.2 d) im Musikunterricht entspricht einem *Grundmuster kreativen Tuns (...): Eine (...) Situation wird zum Modell für andere Situationen und entfaltet darin eine produktive Macht (BRODBECK, S. 16).*

Als erlebnisträchtige Praxisform bzw. als Hilfsmittel jeglichen Musikunterrichts kommen dafür prinzipiell alle einschlägigen Verbindungen zwischen verschiedenen ästhetischen Bereichen in Frage – und zwar, je nach dem Ziel und dem erreichten Stand des jeweiligen Unterrichts, auf sehr unterschiedlichen Stufen der Ausführung, von improvisierter Andeutung bis zu professionellem Niveau.

Soweit Umsetzen nicht bloß in alltäglichen Unterrichtsschritten Anwendung findet, sondern zu einem eigenständigen Gebiet des Musikunterrichts gemacht wird, sollte das ästhetische Eigengewicht der darin einbezogenen künstlerischen Formen beachtet und auf eine produktive, das Didaktische überragende Verbindlichkeit der einschlägigen Aktivitäten Wert gelegt werden (siehe oben: Musikproduktion).

9. Weitere Praxisformen

Aktivitäten wie das Erzählen (von musiktheatralischen Handlungen, von biographischen Begebenheiten, von musikalischen Mythen etc.), die Herstellung simpler Selbstbauinstrumente, das Spielen musikalischer Spiele (z.B. das Stellen und Lösen von Rätseln) usw. mögen musikdidaktisch schwerer einzuordnen sein; im Musikunterricht können sie, speziell aufgrund ihrer magischen und erlebnishaften Momente, hohe Attraktivität und entsprechende praktische Bedeutung haben.

5. Aus der Geschichte des Musikunterrichts

5.1 Musik in der abendländischen Schule

5.1.1 Antike

Musikalische Unterweisung ist schon für prähistorische Kulturen anzunehmen – anders hätte Musikausübung, nach aufgeklärtem Weltverständnis, nicht zustande kommen können:

> *Die Fähigkeit, Geräusche, Klänge und Rhythmen als Medien magischer Bezauberung und Bewältigung einzusetzen oder in kultischer 'Liturgie' die Epiphanie* (Erscheinung, A. L.) *der Götter (...) zu gestalten, setzte fachliche Instruktion und Erziehung voraus. (EHRENFORT 1997, Sp. 1474)*

Spuren der Verquickung von Musik mit Magie und Mythos, mit Kosmologie und Ethik markieren die Auffassung von der Erziehung durch Musik in der chinesischen (Konfuzius) und in der griechischen (Platon: siehe 2.6) Antike. Dort wird der „richtigen" Musik erzieherischer Einfluß auf die „richtige" Haltung des Menschen gegenüber dem Staat und sich selbst zugeschrieben.

Musiktheorie hatte als teils spekulative, teils rationale Deutung musikalischer Elemente ihren Platz im antiken Lehrplan der höheren Bildung.

Die Musikpraxis im Unterricht der (adeligen) Jünglinge Athens stand in den früheren Jahrhunderten des 1. Jahrtausends v. Chr. unter religiös-kultischen Vorzeichen; als Schulung im chorisch-bewegten bzw. Rezitieren und im Instrumentalspiel diente sie zur Vorbereitung der *Prozessionen, Opferkulthandlungen (...) und (...) anschließenden musischen Agone (Wettkämpfe) (ebenda, Sp. 1475).*

„Musiké" (siehe 1.1) wurde auch in den athenischen Elementarschulen für die Knaben *aller sozialen Stände (HAMANN, S. 18)* unterrichtet. In der Zeit von Aristoteles (384/3-322/1 v. Chr.) war allerdings *das schwindende Ansehen der Musikerziehung angesichts des*

Verlusts ihrer religiös-kultischen Verankerung (EHRENFORT 1997, Sp. 1477) zum musikpädagogischen Problem geworden (siehe 1.1).

5.1.2 Vom Mittelalter bis zum 18. Jahrhundert

> *Für das mittelalterliche Leben war die Kirche ein entscheidender Wirkfaktor, nicht nur auf religiösem, sondern auch auf wirtschaftlichem und kulturellem Gebiet. (...) Kirchliche Schulen waren ein Jahrtausend lang die tonangebenden Bildungsstätten und Erziehungsanstalten im Abendland. (HAMANN„ S. 26)*

Musik spielte darin, wie in der Antike, eine doppelte Rolle.

Zum einen wurde von Beginn an der lateinische Choral als tragendes Element der kirchlichen Liturgie gepflegt.

> *Die dabei praktizierte Methodik wird vermutlich im Vor- und Nachsingen bestanden haben. Mit wachsender Zunahme des Choralrepertoires und seiner beginnenden Notierung wuchsen auch die pädagogischen Anforderungen des Musikunterrichts. (EHRENFORT 1997, Sp. 1480)*

– Diesen begegnete man u.a. mit Liniennotation und Solmisationssilbentraining (Guido von Arezzo, 1. Hälfte des 11. Jahrhunderts).

Zum anderen gehörte Musiktheorie als *die Wissenschaft, die von den Zahlen handelt, ... die sich bei Tönen finden (Hrabanus Maurus: SCHIFFLER/WINKELER, S. 22)* zur höheren Bildung in den „Lateinschulen" (mittelalterliche Vorform des späteren Gymnasiums) und Universitäten.

Mittelalterliche *Hilfsmittel* für den Musikunterricht *waren Notentafel, Monochord und Cymbala (hängende Glöckchen in diatonischer Reihenfolge). (EHRENFORT 1997, Sp. 1482)*

> *Im Mittelalter gibt es Schulen in der Regel nur für die Bürger der Städte und für den Nachwuchs des Klerus. (SCHIFFLER/WINKELER, S. 77)*

Junge männliche Adelige erhielten dagegen (im Hoch- und Spätmittelalter) *eine schulfreie körperlich-musisch-ästhetische und gesellschaftliche Unterweisung unter der Obhut von Ritter, Edelfrau, Zuchtmeister, Burgkaplan und Spielleuten (HAMANN, S. 31).*

Die adligen Mädchen erhielten eine Zuchtmeisterin und lernten Lesen, Schreiben, 'frauliche' (Hand-)Fertigkeiten, manchmal auch Latein und volkstümliche Heilkunst, ergänzt durch Musik und Anstandspflege. (Ebenda)

– Unterricht und „allgemeinbildende" musikalische Unterweisung fand demnach im mittelalterlichen Abendland nicht nur in Schulen statt.

Ab dem 13. Jahrhundert ging der Schwerpunkt des öffentlichen Lebens mehr und mehr auf das Bürgertum der Städte über. (Ebenda, S. 32)

Das hatte zur Folge, daß die

neu errichteten Stadt- und Ratsschulen (...) neben die Kloster-, Dom- und Stiftsschulen traten (ebenda).

Dazu kamen

die Pfarrschulen, die im Spätmittelalter immer häufiger wurden. Sie standen teils unter kirchlichem teils unter städtischem Patronat. (...) Auch auf dem Lande gab es mancherorts niedere Lateinschulen und Deutsche Schulen. Auf diese Deutschen Schulen, zusammen mit dem Elementarunterricht der Lateinschulen (...) gehen z. T. die Wurzeln der späteren deutschen Volksschule zurück. (Ebenda, S. 33)

– Bürgerliche Dienstbarkeit der Unterrichtsgegenstände diesseits von Musik und kirchliche Dienstbarkeit des Gesanges waren für jene Art von Elementarschulen noch bis ins XIX. Jahrhundert prägend.

In der Renaissance- und Barockzeit wurde in höheren (Latein-) Schulen auch mehrstimmig, mitunter zu weltlichen (humanistischen) Texten und mit Instrumenten musiziert – bzw. wurde die Musikpraxis durch musikalische Elementarlehre gestützt (Skalen, Intervalle; Notenwerte, Takt; Diminution etc. – siehe FEDERHOFER-KÖNIGS/ FEDERHOFER, Sp. 1114).

Hingegen beschränkte sich der Musikunterricht in den deutschen Schulen auf das Erlernen einiger deutscher geistlicher Lieder, oder er unterblieb überhaupt (ebenda).

Im Sinne der Reformation legte Martin Luther (1483-1546) großes Gewicht auf den (Gemeinde-) Gesang in Kirche und Schule. Entsprechend initiativ wurde man auch in den evangelischen Gebieten der Schweiz (siehe ebenda), während im Bereich der katholischen Gegenreformation Musikausübung verschiedenster geistlicher wie weltlicher Art in den Ordensschulen sowie die *Musikpflege* in den anderen Schulen *einen festen Rückhalt (ebenda, Sp. 1117)* hatten.

> *Daß die* (reformatorische, A. L.) *Schulmusik am Ende des 16. Jahrhunderts bereits ihre liturgisch-gottesdienstliche Legitimation zu verlieren drohte, zeigt das (...) häufiger auftretende Argument der Schulplaner, sie sei vor allem aus Gründen der Rekreation der Schüler wünschenswert. (EHRENFORT 1997, Sp. 1484)*

Während sich im 17. und 18. Jahrhundert die kulturelle (auch musikalische), politische und wirtschaftliche Landschaft Europas nachhaltig in Richtung Moderne veränderte, ging dem traditionellen schulischen Musikunterricht mit zunehmender Entfernung vom Mittelalter allmählich sein altes theologisches Fundament verloren.

> *Trotz des immensen Reputationszuwachses der Musikkultur am Ende des 18. Jahrhunderts gelingt es jedoch (noch) nicht, eine tragfähige Neuorientierung für eine bürgerlich-liberale Musikerziehung jenseits der kirchlich-gottesdienstlichen Tradition zu gewinnen. Die Legitimation einer nicht mehr theologisch bzw. liturgisch-funktional (...) fundierten Musikerziehung vor allem in der allgemeinbildenden Schule wird zu einem Problem, das bis heute nicht hinreichend gelöst zu sein scheint. (Ebenda, Sp. 1487)*

5.1.3 XIX. und 20. Jahrhundert

Staatlich initiierte Reformen der Volksschule im 18. Jahrhundert (Unterrichtspflicht für alle Kinder, Ansätze zur Lehrerbildung u.a.) sowie der weiterführenden Schulen humanistischer, realistischer und berufsbildender Art im XIX. begründeten das moderne Schulwesen.

Der schulische Musikunterricht spielte im XIX. Jahrhundert als „Schulgesang“ lediglich auf den niederen Schulstufen eine obligate

Rolle. – Dabei trifft für Deutschland offenbar auf dieses ganze Jahrhundert die folgende, auf sein Ende bezogene Feststellung zu:

> *Von einer musikalischen Erziehung konnte in den Schulen (...) nicht die Rede sein. Es wurde gesungen – in der Volksschule einstimmig, in den Oberklassen auch mehrstimmig, das war alles. (GRUHN 1993, S. 145; siehe auch S. 43f.)*

Die detailreiche Darstellung des Schulgesanges bzw. allgemeinen Musikunterrichts im XIX. und 20. Jahrhundert von Wilfried GRUHN (1993) zeigt für Deutschland (bzw. für den deutschsprachigen Raum) u.a. den Wandel

- vom Dorfschulhaus des 18. Jahrhunderts zur modernen Schule der Gegenwart
- vom musikalisch und didaktisch zumeist ungebildeten, armen und wenig geachteten Lehrer in jenen Dorfschulen zu Musiklehrkräften mit akademischer Qualifikation im späteren 20. Jahrhundert
- vom Vorrat an einfachen geistlichen, vaterländischen und volksliedhaft-kindertümlichen Liedern im XIX. Jahrhundert zur Überfülle der gegenwärtigen Musikkultur
- von der Erwartung im XIX., daß der Schulgesang die Kinder in religiösem, patriotischem und emotionalem Sinn beeinflusse, zur realistischen Ernüchterung durch die wissenschaftliche Musikpädagogik im späteren 20. Jahrhundert
- von der Suche nach (mehr oder minder kunstfernen und umständlichen) Methoden des vokalen Tönetreffens im früheren XIX. Jahrhundert zur musikdidaktischen Vielfalt des *postmodernen Pragmatismus (ebenda, S. 349)* der Gegenwart
- vom minderqualifizierten, unerheblichen Singunterricht im humanistisch konzipierten, männlich-elitären Gymnasium des XIX. (siehe ebenda, S. 44) zum künstlerisch-wissenschaftlich fundierten, gleichrangigen Unterrichtsgegenstand in allgemeinbildenden höheren Schulen am Ende des 20. Jahrhunderts
- von der ambitionierten Musikbegeisterung singender und spielender „Dilettanten“ im XIX. zum massenhaften Musikkonsum über audio-visuelle Medien im 20. Jahrhundert (siehe 3.3.2.2 i)

- von den jugendbewegten Träumen der Charakterformung durch volksliednahe Singbegeisterung nach 1900 und den Ideen der „musischen“ Erziehung (siehe 5.2 b) vor, während und nach der NS-Zeit zur zögerlichen (Nicht-) Akzeptanz der anglo-amerikanisch geprägten Jugendkultur in der Musikpädagogik der zweiten Jahrhunderthälfte (siehe GRUHN 1993, S. 283, S. 346ff.).

Als Phasen der Geschichte des allgemeinen Musikunterrichts im 20. Jahrhundert beschreibt Wilfried GRUHN (siehe 1994 a, S. 92ff.) für Deutschland

1) die *reformpädagogische Bewegung (S. 92)*

   – In dieser Phase zeigte der Alltag des Musikunterrichts um den I. Weltkrieg zunächst eine Fortsetzung der Schulgesangstradition aus dem XIX. Jahrhundert (speziell mit patriotischen Liedern, Tontreffübungen etc.) sowie teilweise besser ausgebildete Lehrer.

   Darüber hinausgehende Reformideen (Musikunterricht in Richtung von Musikhören, Musikverständnis und ästhetischem Nachvollzug musikalischer Kunst; Förderung kindlicher Kreativität; Persönlichkeitsformung und Erziehung zur „Gemeinschaft“ durch Musik; professionelle, akademische Musiklehrerausbildung) wurden jedoch nur gelegentlich bzw. in Ansätzen verwirklicht. (Siehe auch 5.2 a, b, c)

2) *Musikerziehung im Dritten Reich (S. 94),* schwerpunktmäßig auf die außerschulische *HJ-Musikarbeit* ausgerichtet (Erziehung durch Musik zur totalitären Gemeinschaft mithilfe von *Spielscharen, Musikzügen* etc. – *ebenda*)

3) *Von der musischen Bildung zur Curriculumreform (S. 95)*
   - mit einer *Restauration Musischer Bildung* (*ebenda;* siehe auch 5.2 b) nach 1945 und ihrer fundamentalen Kritik durch Theodor W. Adorno 1954 (siehe 5.2 c)
   - mit einer generellen musikdidaktischen Wende in den 1960er und 1970er Jahren, vom Postulat der Orientierung am Kunstwerk (siehe 5.2 c) bis zur *fast nicht mehr überschaubaren Vielfalt alternativer und miteinander konkurrierender Positionen (S. 96)*

4) den *postmodernen Pragmatismus (S. 97)* mit einer Rücknahme (zu) hoher wissenschaftlicher Anforderungen an den Musikunterricht und einer Anpassung ans (Schul-)Faktische und (Musik-)Praktische.

5.2 Konzeptionelle Vorgaben an den allgemeinen Musikunterricht im 20. Jahrhundert

Kirche und Staat gaben bis zum 20. Jahrhundert das Fundament, und die (vormoderne) Schule bildete den Rahmen für die Unterweisung von Kindern bzw. Jugendlichen im Schulgesang. Kirche, lokale Öffentlichkeit sowie Schule und eigene Lebenswelt waren die Orte, an denen die in diesem Unterricht erworbene Musikpraxis verifiziert werden konnte.

Dafür blieb dem Musikunterricht im späteren 20. Jahrhundert schließlich im wesentlichen die Schule selbst übrig – mit den Schülern als Adressaten ihrer eigenen schulmusikalischen Praxis.

Vor diesem Horizont sind im Verlauf dieses Jahrhunderts mehrere – teils konvergierende, teils divergierende – Richtungen gewiesen worden, in die der allgemeine Musikunterricht führen sollte.

Erschwert wurde bzw. wird die Verbindlichkeit musikpädagogischer Absichten durch den offenbar irreversiblen Kulturwandel der Moderne. – Besonders problematisch ist dabei der *Cultural Lag (William F. Ogburn: BLAUKOPF, S. 219)*:

> *Menschen leben weit mehr in der Vergangenheit, als uns bewußt ist. Denn wir interpretieren die Wirklichkeit mit Konzepten und Weltanschauungen, die auf vergangenen Erfahrungen beruhen. (INGLEHART, S. 487)*

Jener *Kulturwandel ist (...) ein Ergebnis vieler sich überlagernder Strukturen und Mechanismen (BÜHL, S. 72).*

Ergebnisse des Wandels der Musikkultur in Europa seit dem 18. Jahrhundert, die zur Voraussetzung des Musikunterrichts im 20. Jahrhundert wurden, waren vor allem

- im XIX. die Hochentwicklung der bürgerlichen Musikkultur (Öffentliches Konzertwesen, Verbürgerlichung des Musiktheaters, Kunstwerkästhetik, Kunstreligion, stille Musikrezeption, Laienmusikwesen, Bildungsbürgertum – siehe DAHLHAUS 1980, S. 34ff.; Musikwissenschaft, Musikbelletristik etc.)
- im 20. die Perfektion der Neuerungen aus dem XIX. (Modernisierung des Musikwesens, Industrialisierung, Urheberrechte, weltweite Internationalisierung, Konservierung) sowie die Innovationen in der Herstellung, allgegenwärtigen Verbreitung, Nutzung und ästhetischen Vernetzung von Musik.

Konzeptionen bzw. konzeptionelle Grundideen (zur Terminologie: HELMHOLZ, S. 9f.) für den allgemeinen Musikunterricht sind teils aus musikpädagogischen, teils aus anderen (z.B. allgemeinpädagogischen) Anstößen und Anregungen entstanden. – Einige repräsentative solche Vorgaben sollen im folgenden, annähernd chronologisch, kurz vorgestellt werden.

a) Aktivismus

Als Aktivismus lassen sich all jene Ansätze zusammenfassen, wonach der Musikunterricht die musikpädagogisch initiierte musikpraktische Aktivität der Schüler zum Inhalt haben soll.

Entstanden aus der wander- und singfreudigen Jugend"bewegung" und der Reformpädagogik („Selbsttätigkeit des Kindes" etc.), kehrt diese Anregung unter verschiedenen Vorzeichen immer wieder, etwa in der Ideologie des „Musikanten" (1920er Jahre, verbunden mit dem Namen Fritz Jöde, 1887-1970), im schulmusikalischen Werk von Carl Orff (1895-1982) seit den 1930er Jahren, im Marschrhythmus der Hitler-Jugend (1930er- und 1940er Jahre), in der musik/pädagogischen „Handlungsorientierung" und „Kreativitätserziehung" (1970er Jahre – siehe GRUHN 1993, S. 326ff.), schließlich im „postmodernen Pragmatismus" (1980er- und 1990er Jahre – siehe ebenda, S. 349ff.).

Dem musikdidaktisch relevanten Aktivismus liegen lernpsychologische Einsichten („Learning by doing" – siehe 3.2.2 a) zugrunde.

b) Musische Erziehung

Seit Jean Jacques Rousseau (1712-1778) gehört die Ideologie, wonach in der gegenwärtigen Zivilisation das „Natürliche", „Ursprüngliche", Bessere verlorengegangen sei und also – speziell durch die „richtige" Erziehung der Kinder – wieder hergestellt werden müsse, zum intellektuellen Arsenal der Moderne. (Die Mythen vom vergangenen „Goldenen Zeitalter" und von der „Erlösung" der Menschheit durch ein Kind waren hingegen schon in der Antike verbreitet.)

So präsentierte sich die Musische Erziehung von den 1920er bis zu den 1950er Jahren (und darüber hinaus – siehe PESCHL, S. 23f.) als (musik-)pädagogische Spielart jener Ideologie – aus einem

Spektrum von Richtungen, die in engem Zusammenhang mit der Kunsterziehungsbewegung, der Jugendbewegung, der Laienspielbewegung, der Erneuerung des Sprachunterrichts, des Tanzes und der Leibesübung standen. (NOLL b, S. 201)

Das „musisch" bewegte Tun sollte, in pädagogischer Wiederaufbereitung der antiken Musiké (siehe 1.1) und im Glauben an die ihr zugeschriebene ethische Wirksamkeit, zur Verbesserung von Mensch und Welt führen – ein „Anliegen", das für die frühen 1920er Jahre auch als Reaktion auf die ideelle, kulturelle und politische Krisenzeit nach dem I. Weltkrieg zu verstehen ist.

De facto diente die Musische Erziehung als rhetorischer Überbau über verschiedenen Formen musikpädagogischer Aktivität – von der Volksliedpflege und der musikalischen Gestaltung von Schulfeiern bis zur Wehrerziehung in der NS-Zeit.

Leitbegriffe waren: Der Neue Mensch; Harmonie von Kosmos, Mensch und Musik; Einheit der Künste, Ganzheit, Erlebnis, Gemeinschaft, Volkstum (siehe ABEL-STRUTH 1985, S. 33ff.), Das Elementare, Einheit von Musik und Leben, Ganzheit in der Musik usw. (siehe NOLL b, S. 201).

Nicht die rationale, nicht die logische, auch nicht die demokratische, sondern die musische Erziehung ist das Kernstück der Menschenbildung. Sie garantiert zwar nicht, aber sie ermöglicht die Wiedergeburt der Gesittung (Dietrich Otto Haase, 1951: ABEL-STRUTH 1985, S. 33).

Die einschlägige Rhetorik fand als *üppige Tertiärliteratur (ebenda, S. 35)* weite Verbreitung und lange anhaltendes pädagogisches und bildungspolitisches Echo im ganzen deutschen Sprachraum.

c) Kunstwerkdidaktik

Schon im frühen 20. Jahrhundert gab es in Deutschland ernsthafte Ansätze zu einer musikwissenschaftlichen und künstlerisch-praktischen Begründung allgemeinen Musikunterrichts, vor allem durch Hermann Kretzschmar (1848-1924) und auch durch Leo Kestenberg (1882-1962).

Doch blieben die entsprechenden Reformen wegen der ungünstigen politisch-wirtschaftlichen Bedingungen in der Zeit der Weimarer Republik bzw. des Dritten Reiches nur Ansätze; zudem war die auf Laien zugeschnittene Sing- und Musizierpraxis in der „musischen" Tradition bis in die 1960er Jahre musikpädagogisch tonangebend.

Gegen diese Tradition forderte Theodor W. Adorno (1903-1969) Mitte der 1950er Jahre die Orientierung des Musikunterrichts am musikalischen Kunstwerk:

> *Der Zweck musikalischer Pädagogik ist es, die Fähigkeiten der Schüler derart zu steigern, daß sie die Sprache der Musik und bedeutende Werke verstehen lernen; daß sie solche Werke so weit darstellen können, wie es fürs Verständnis notwendig ist; sie dahin zu bringen, Qualitäten und Niveaus zu unterscheiden und, kraft der Genauigkeit der sinnlichen Anschauung, das Geistige wahrzunehmen, das den Gehalt eines jeden Kunstwerks ausmacht. Nur durch diesen Prozeß, die Erfahrung der Werke hindurch, nicht durch ein sich selbst genügendes, gleichsam blindes Musizieren vermag Musikpädagogik ihre Funktion zu erfüllen. (ADORNO, S. 102)*

Wenngleich diese Forderung offenbar eher auf Instrumentalmusikunterricht bezogen war, bot doch die gleichzeitig einsetzende Verbreitung der damals neuen Langspielplatte auch für den allgemeinen Musikunterricht die Möglichkeit, musikalische Kunstwerke zum klingenden Gegenstand des Musikunterrichts zu machen.

So erstellte Michael Alt (1905-1973) mehrere musikpädagogische „Schallplattenwerke", z.B. 1957 eine „Musikkunde in Beispielen"

(VEDDER, S. 256). 1965/66 verfaßte er mit Bezug darauf ein zweibändiges Schulbuch mit dem programmatischen Titel „Das Musikalische Kunstwerk" (siehe Literaturverzeichnis bzw. VEDDER, ebenda). 1968 wurde seine „Didaktik der Musik" (siehe ebenda) veröffentlicht.

> *Die Interpretationslehre von Michael Alt, Hauptstück seiner 'Musikdidaktik' (...) stellt die erste ausführliche Kunstwerklehre dar, allerdings in einer eklektizistischen* (aus diversen Richtungen zusammengetragenen, A.L.) *Mischung von Interpretationsansätzen (...). Dem mehr zusammenfassenden als neuen Interpretationskonzept Alts stellt sich alsbald eine doppelte Opposition entgegen: Einerseits werden Ideologievorwürfe gegenüber dem Kunstwerkbegriff (...) erhoben, andererseits gibt es neue didaktische Ansätze (...). Für diese Überlegungen sind die Veränderungen des Werkbegriffs in der neuen Musik (...), die Auswirkungen der zunehmenden Kommerzialisierung von Musik, (...) Einsichten in das Rezeptionsverhalten, sozialgeschichtliche Betrachtungen und Rücksicht auf Schülerinteressen wichtige Ausgangspunkte (RICHTER 1994, S. 147f.).*

d) Hörerziehung

Dankmar Venus zog mit seiner zuerst 1969 erschienenen „Unterweisung im Musikhören" (siehe Literaturverzeichnis) die nächstliegende musikdidaktische Konsequenz daraus, daß das Musikhören zu der am weitesten verbreiteten musikalischen Praxis geworden war.

> *In einer Zeit aufkommender medialer Musikpräsenz wurde die systematische Schulung des Hörens zentraler Unterrichtsbereich, der das selbstgefällige musische Tun ablöste. Venus' Vorschläge zur Hörerziehung, die vom sensorischen Unterscheidungsvermögen ausgehen, mit Hilfe graphischer Zeichen allgemeine Notationsprinzipien einführen und zum Hören nach Noten und Hören mit Noten führen, sind von nachhaltigem Einfluß auf die curriculare* (Lehrplan-, A. L.) *Gestaltung des Musikunterrichts in den 70er Jahren gewesen. (GRUHN 1994 b, S. 109)*

e) Aktualismus

Als Aktualismus wird hier das Konzept bezeichnet, welches dem Schulbuch „Musik aktuell" (BRECKOFF u.a. – siehe Literaturverzeichnis) aus 1971 zugrunde liegt.

> *In unserer Zeit ändern sich Gesellschaft und Denken rascher als die Generationen. (...) Heute ist jeder Musikunterricht zur Wirkungslosigkeit verurteilt, der diesen gesellschaftlichen Wandel nicht berücksichtigt. (...) Die sozialen, psychischen, ökonomischen und politischen Dimensionen des Kulturphänomens Musik dürfen nicht weiterhin aus dem Musikunterricht ausgeklammert bleiben. Sie müssen die bisher allein übliche historische Betrachtungsweise ergänzen. (BRECKOFF u.a., S. 10)*

Inhalt des Musikunterrichts soll demnach die Auseinandersetzung mit dem aktuellen Musikleben und seinen soziokulturellen, technisch-organisatorischen und geschichtlich–musikkundlichen Voraussetzungen sein – auf sozial- und musikwissenschaftlicher Grundlage, in aufklärerischer Absicht. (Die Stoffanordnung im genannten Schulbuch erfolgt *von der Musik im Haus und in der näheren Umgebung* immer weiter auswärts bis zu Informationen über *das internationale Musikleben – ebenda, S. 9)*

> *Durch kritische Reflexion ändert sich unsere Beziehung zur Musik in der Vielfalt ihrer Funktionen und Erscheinungsformen. Das einmal durchschaute Kunsterleben wird von anderer Qualität sein, als die ausschließlich individualitätsbezogene Verinnerlichung reiner Kunst. Dadurch, daß man die Machbarkeit des Kulturphänomens Musik einsichtig macht, könnte dieses neue Kunsterleben dazu beitragen, den Menschen als Schöpfer der Kultur zu neuen Formen des Selbstbewußtseins und Selbstverständnisses zu führen. Musik und Musikunterricht als Instrumente der 'Bewußtseinserhellung' (Alfred Weber) und 'Entzauberung der Welt' (Max Weber) bilden ein Gegengewicht zur ästhetischen Verklärung der Welt. (Ebenda, S. 10f.)*

f) Auditive Wahrnehmungserziehung

Das theoretische Konzept der 'Auditiven Wahrnehmungserziehung' verlangte eine strikte Lösung von allen tradierten Werten, um stattdessen alles auditiv Wahrnehmbare zum Gegenstand des Unterrichts zu machen. (HELMHOLZ, S. 30)

Damit brachte es gegenüber dem kulturellen Realitätsbezug des Aktualismus einerseits eine Erweiterung der Methodik des Musikunterrichts in Richtung Erfinden und (schulpraktisches) Improvisieren mit allem hörbaren Material, andererseits eine ideologische Verengung auf die verflossene Avantgarde der „E-Musik".

Diese Konzeption (...) wurde zuerst (...) 1972 (...) von Frisius u.a. (...) ausformuliert. Prinzipien, die aus der avantgardistischen Musik der 50er und 60er Jahre übernommen wurden (Ausweitung des musikalischen Materials, Aleatorik, Improvisation, graphische Notation), eröffneten neue Möglichkeiten des produktiven Umgangs mit Musik, insbesondere des Musizierens; zugleich wurden – als Alternative zur herkömmlichen Notation und musiktheoretischen Begrifflichkeit – Elementarisierungsprinzipien entwickelt, die an die Umgangssprache und die Möglichkeit freier Visualisierung von Hörbarem anknüpfen. (...) Viele Neuerungen der auditiven Wahrnehmungserziehung sind mittlerweile in Lehrpläne und Unterrichtspraxis eingegangen, ohne daß sich das Konzept als Ganzes (...) hätte durchsetzen können. (OTT 1986, S. 220f.)

g) Didaktische Interpretation von Musik

Für den kunstwerkorientierten Musikunterricht der 1960er Jahre (siehe c) erwähnt Werner JANK (1996, S. 237) folgende Neuerung:

Ältere Konzeptionen hatten den Unterricht etwa so gegliedert: Singen für die Unterstufe, Musikkunde (Handwerkslehre) auf der Mittelstufe, Werkbetrachtung auf der Oberstufe (...). Demgegenüber war es neu zu versuchen, die 'Interpretation' schon von der Unterstufe an systematisch aufzubauen und deshalb die Auseinandersetzung mit musikalischen Kunstwerken auf jeder Stufe (nicht erst auf der Oberstufe) im Zentrum des Unterrichts anzusiedeln – wenn auch in altersspezifisch variierter Weise und Komplexität.

Basierend auf der Hermeneutik (der Auslegungslehre von Texten bzw. textanalogen Hervorbringungen), werden in dem hier vorgestellten Konzept, welches Karl Heinrich Ehrenfort 1971 (siehe Literaturverzeichnis) und Christoph Richter 1976 (siehe ebendort) vorlegten, Musik und Schüler wie Dialogpartner gesehen, aus deren „Gespräch" beim Schüler eine Musikbeziehung von zunehmender Qualität entstehen soll (siehe 3.2.1):

Die didaktische Interpretation der Musik hat (...) die (...) Aufgabe, Initiator und Helfer eines Gesprächs zwischen Hörer und Musik zu sein (EHRENFORT 1971, S. 42).

Ziel der didaktischen Interpretation ist es, den Schüler zu selbständigem Verstehen und Verhalten gegenüber den (unverkürzten) Sachen zu befähigen. (RICHTER 1976, S. 18)

Aufgabe des Lehrers ist es dabei, eine *didaktische Brücke (ebenda, S. 42)* zwischen dem Erfahrungsangebot der Musik (darin:

1. musikalisch-technisch-materiale Erfahrungen
2. allgemeine musikalische Erfahrungen
3. allgemeine Erfahrungen – ebenda)

und den didaktischen Möglichkeiten des Musikunterrichts (Themenbildung, Stoffauswahl, Methodik usw.) zu schlagen.

Der Unterricht selbst besteht in dem Versuch einer Verschmelzung des Schülerhorizontes mit der Erfahrung, die der Gegenstand (in den drei Dimensionen der Sachebene, der allgemein-musikalischen Ebene und der übergreifenden Ebene des Welt- und Selbstverstehens) vermittelt. (Ebenda, S. 43)

– Eine breite Auffächerung schülerspezifischer Erfahrungsmöglichkeiten erbrachte für jene Zeit das folgende Konzept.

h) Erfahrungserschließende Musikerziehung

Als *erfahrungserschließend* stellte Rudolf Nykrin 1978 eine *Erziehungsarbeit* vor,

> *(1) die Lebensgeschichte als Tätigkeitshintergrund aufgreifen will (...)*
> *(2) die uns lehrt, unsere Interessen und Vorstellungen zu begründen und mit jenen der anderen Unterrichtsbeteiligten abzustimmen (...)*
> *(3) die uns um Wissen und Können bereichert (...)*
> *(4) die uns schließlich zeigt, wie wir Wissen, Fähigkeiten und Fertigkeiten erfolgreich (...) in musikalisches 'Handeln' umsetzen können. (NYKRIN, S. 11)*

Dafür wandte er sich, komplementär zur Didaktischen Interpretation von Musik, besonders den Voraussetzungen und Möglichkeiten der Schüler sowie einer erweiterten Schulpraxis zu.

> *Der musikdidaktische Ertrag der Erfahrungserschließenden Musikerziehung liegt in ihrem differenzierten Erfahrungsbegriff und in der Verknüpfung von Erfahrung und Handeln (...)*
> *Der unmittelbare Einfluß des Modells (...) blieb gering (...), jedoch hat die 'Alltagswende' insgesamt auf Musikdidaktik und Unterrichtspraxis nachhaltig eingewirkt (JANK 1994, S. 63)*

***

Den von Wolf Dieter LUGERT (S. 201) festgestellten *friedlichen Pluralismus von nebeneinander existierenden unterschiedlichen Zielen und Konzepten* in der schulischen Musikpädagogik am Ende des 20. Jahrhunderts bestätigt und kommentiert Thomas OTT (1994, S. 138f.):

> *In Didaktik und Praxis ist eine Pluralität von Konzepten an die Stelle der relativ einheitlichen und in sich schlüssigen Denk- und Handlungszusammenhänge der Vergangenheit getreten. Diese Situation – falls sie nicht nur auf Defizite verweist – ist bisher theoretisch nicht bewältigt.*

Literaturverzeichnis

NB. Im folgenden sind nur jene Titel genannt, auf die im Text explizit Bezug genommen wird. – Die Zugehörigkeit einzelner Titel zu Reihen wird im allgemeinen nicht angeführt.

ABEL-STRUTH, Sigrid: Grundriß der Musikpädagogik. Mainz etc. 1985

ABEL-STRUTH, Sigrid: Materialien zur Entwicklung der Musikpädagogik als Wissenschaft. Zum Stand der deutschen Musikpädagogik und seiner Vorgeschichte. Mainz 1970

ABEL-STRUTH, Sigrid: Ziele des Musiklernens, Teil I: Beitrag zur Entwicklung ihrer Theorie. Mainz etc. 1978

ABEL-STRUTH, Sigrid: Ziele des Musiklernens, Teil II: Dokumentation. Mainz etc. 1979

ABELE, Tamino: Die Entwicklung des begrifflichen Verständnisses von Musik bei Kindern und Jugendlichen. Frankfurt am Main 1991

ADL-AMINI, Bijan: Ebenen didaktischer Theoriebildung. In: Hans-Dieter HALLER/Hilbert MEYER (Hg.), Ziele und Inhalte der Erziehung und des Unterrichts (=Enzyklopädie Erziehungswissenschaft, hg. von Dieter LENZEN, Band 3). Stuttgart 1986, S. 27-48

ADORNO, Theodor W.: Zur Musikpädagogik. In: ders., Dissonanzen. Musik in der verwalteten Welt. 3. Aufl., Göttingen 1963, S. 102-119

AEBLI, Hans: Grundlagen des Lehrens. Eine Allgemeine Didaktik auf psychologischer Grundlage. 3. Aufl., Stuttgart 1995

ALT, Michael: Das Musikalische Kunstwerk. Musikkunde in Beispielen für Gymnasien. Düsseldorf, Teil I: 10. Aufl. 1977 (a); Teil II: 15. Aufl. 1980

ALT, Michael: Didaktik der Musik. 4. Aufl., Düsseldorf 1977 (b)

ANTHOLZ, Heinz: Aktualität – Historizität. In: Walter GIESELER (Hg.), Kritische Stichwörter zum Musikunterricht. München 1978, S. 31-42

ANTHOLZ, Heinz: Jugendmusikbewegung. In: HELMS/SCHNEIDER/WEBER (Hg.) 1994, S. 127-128

ANTHOLZ, Heinz: Unterricht in Musik. Ein historischer und systematischer Aufriß seiner Didaktik. 3. Aufl., Düsseldorf 1976

ANTHOLZ, Heinz: „Unterricht in Musik“ – Zur selbst- und fremdkritischen Vergegenwärtigung einer fachdidaktischen Konzeption. In: ders., Musiklehren und Musiklernen. Vorlesungen und Abhandlungen zur Musikpädagogik aus drei Jahrzehnten. Mainz etc. 1992, S. 154-255

ANTHOLZ, Heinz: Zur Aktualitätsproblematik in der Musikpädagogik. Wien/München 1979

ASCHERSLEBEN, Karl: Didaktik. Stuttgart/Berlin/Köln/Mainz 1983

ASCHERSLEBEN, Karl: Welche Bildung brauchen Schüler? – Vom Umgang mit dem Unterrichtsstoff. Bad Heilbrunn/Obb. 1993

BAACKE, Dieter: Die 6-12jährigen. Einführung in Probleme des Kindesalters. Weinheim/ Basel 1984

BAACKE, Dieter: Jugend und Jugendkulturen. Darstellung und Deutung. 2. Aufl., Weinheim/München 1993 (a)

BAACKE, Dieter: Jugendkulturen und Musik. In: BRUHN/OERTER/RÖSING (Hg.) 1993, S. 228-237 (b)

BAACKE, Dieter/SANDER, Uwe/VOLLBRECHT, Ralf: Medienwelten Jugendlicher, Band 1: Lebenswelten sind Medienwelten. Opladen 1990

BACHMAIR, Gerd: Handlungsorientierte Unterrichtsanalyse. Praxisnahe Anregungen für die Reflexion von Unterricht. 2 Aufl., Weinheim/Basel 1982

BAHRDT, Hans Paul: Schlüsselbegriffe der Soziologie. Eine Einführung mit Lehrbeispielen. 5. Aufl., München 1992

BÄSSLER, Hans: Zeiterfahrung. Perspektiven einer lebensweltorientierten Musikpädagogik. Mainz etc. 1996

BASTIAN, Hans Günther: Jugend am Instrument. Eine Repräsentativstudie. Mainz etc. 1991

BASTIAN, Hans Günther: Schüler. In: HELMS/SCHNEIDER/WEBER (Hg.) 1994, S. 237-239

BECK, Wolfgang/FRÖHLICH, Werner D.: Musik machen – Musik verstehen. Psychologische Aspekte des handlungsorientierten Musikunterrichts im Klassenverband. Mainz etc. 1992

BECKER, Georg E.: Handlungsorientierte Didaktik, Teil I: Planung von Unterricht. 4. Aufl. Weinheim/Basel 1991

BEHNE, Klaus-Ernst: Das Szene-Jahrhundert. Jugendszenen und Musikgeschmack. In: Musik und Bildung, 28. (87.) Jahrgang (1996), Heft 4, S. 4-8

BEHNE, Klaus-Ernst: Musikverstehen – ein Mißverständnis? In: ders., Gehört – gedacht – gesehen. Zehn Aufsätze zum visuellen, kreativen und theoretischen Umgang mit Musik. Regensburg 1994, S. 167-183

BIERICH, Marcus: Bertrand Russell, Einführung in die mathematische Philosophie. In: Fritz J. RADDATZ (Hg.), Die ZEIT-Bibliothek der 100 Sachbücher. Frankfurt am Main 1984, S. 241-244

BLAUKOPF, Kurt: Musik im Wandel der Gesellschaft. Grundzüge der Musiksoziologie. 2. Aufl., Darmstadt 1996

BLUME, Friedrich (Hg.): Die Musik in Geschichte und Gegenwart. Allgemeine Enzyklopädie der Musik (1961). Band 9, München und Kassel etc. 1989

BÖHM, Winfried: Wörterbuch der Pädagogik, begründet von Wilhelm HEHLMANN. 14. Aufl., Stuttgart 1994

BRANDL, Rudolf Maria: Musikkulturen im Vergleich. In: BRUHN/OERTER/RÖSING (Hg.) 1985, S. 359-371

BRANDL, Rudolf Maria/RÖSING, Helmut: Musikkulturen im Vergleich. In: BRUHN/ OERTER/RÖSING (Hg.) 1993, S. 57-74

BRANDSTÄTTER, Ursula: Musik im Spiegel der Sprache. Theorie und Analyse des Sprechens über Musik. Stuttgart 1990

BRECKOFF, Werner/KLEINEN, Günter/KRÜTZFELDT, Werner/NICKLIS, Werner S./ RÖSSNER, Lutz/ROGGE, Wolfgang/SEGLER, Helmut: Musik aktuell. Informationen, Dokumente, Aufgaben. Kassel etc. 1971

BRODBECK, Karl-Heinz: Entscheidung zur Kreativität. Darmstadt 1995

BRUHN, Herbert: Gedächtnis und Wissen. In: BRUHN/OERTER/RÖSING (Hg.) 1993, S. 539-546

BRUHN, Herbert/OERTER, Rolf/RÖSING, Helmut: Musik und Psychologie – Musikpsychologie. In: dies. (Hg.) 1993, S. 13-21

BRUHN, Herbert/OERTER, Rolf/RÖSING, Helmut (Hg.): Musikpsychologie. Ein Handbuch in Schlüsselbegriffen. München/Wien/Baltimore 1985

BRUHN, Herbert/OERTER, Rolf/RÖSING, Helmut (Hg.): Musikpsychologie. Ein Handbuch. Reinbek bei Hamburg 1993

BÜHL, Walter L.: Kulturwandel. Für eine dynamische Kultursoziologie. Darmstadt 1987

BUSCH, Hans-Joachim: Sozialisation. In: Harald KERBER/Arnold SCHMIEDER (Hg.), Handbuch Soziologie. Zur Theorie und Praxis sozialer Beziehungen. Reinbek bei Hamburg 1984, S. 528-534

CHARLTON, Michael/NEUMANN-BRAUN, Klaus: Medienkindheit – Medienjugend. Eine Einführung in die aktuelle kommunikationswissenschaftliche Forschung. München 1992

DAHLHAUS, Carl: Das „Verstehen" von Musik und die Sprache der musikalischen Analyse. In: Peter FALTIN/Hans-Peter REINECKE (Hg.), Musik und Verstehen. Aufsätze zur semiotischen Theorie, Ästhetik und Soziologie der musikalischen Rezeption. Köln 1973, S. 37-47

DAHLHAUS, Carl: Die Musik des 19. Jahrhunderts (=Neues Handbuch der Musikwissenschaft, hg. von dems., Band 6). Wiesbaden/Laaber 1980

DAHLHAUS, Carl/EGGEBRECHT, Hans Heinrich: Brockhaus Riemann Musiklexikon. Wiesbaden und Mainz 1978 (Band 1), 1979 (Band 2)

DAWKINS, Marian Stamp: Die Entdeckung des tierischen Bewußtseins. Darmstadt 1994

DIEDERICH, Jürgen: Bemessene Zeit als Bedingung pädagogischen Handelns. In: Niklas LUHMANN/Karl Eberhard SCHORR (Hg.), Zwischen Technologie und Selbstreferenz. Fragen an die Pädagogik. Frankfurt am Main 1982, S. 51-86

DIETRICH, Theo: Zeit- und Grundfragen der Pädagogik. Eine Einführung in pädagogisches Denken. 7. Aufl., Bad Heilbrunn/Obb. 1992

DOLCH, Josef: Lehrplan des Abendlandes. Zweieinhalb Jahrtausende seiner Geschichte. Darmstadt 1982

DOLLASE, Rainer/RÜSENBERG, Michael/STOLLENWERK, Hans J.: Demoskopie im Konzertsaal. Mainz etc. 1986

EBERHARD, Kurt: Einführung in die Erkenntnis- und Wissenschaftstheorie. Geschichte und Praxis der konkurrierenden Erkenntniswege. Stuttgart/Berlin/Köln/Mainz 1987

ECO, Umberto: Zeichen. Einführung in einen Begriff und seine Geschichte. Frankfurt am Main 1977

EGGEBRECHT, Hans Heinrich: Musik verstehen. München/Zürich 1995

EHRENFORT, Karl Heinrich: Musikpädagogik. B. Geschichte der Musikerziehung. In: FINSCHER (Hg.), Sp. 1473-1499 (1997)

EHRENFORT, Karl Heinrich: Verstehen und Auslegen. Die hermeneutischen Grundlagen einer Lehre von der didaktischen Interpretation der Musik. Frankfurt am Main/Berlin/München 1971

EINSIEDLER, Wolfgang: Schulpädagogik – Unterricht und Erziehung in der Schule. In: ROTH (Hg.), S. 649-657

ENGEL, Gerhard: Musik und Wissenschaft. Zur Wissenschaftslehre, Ästhetik und Didaktik der Musik aus der Sicht des neueren Kritizismus. Frankfurt am Main/Berlin/München 1980

ENGEL, Hans: Sinn und Wesen der Musik. In: KARBUSICKY (Hg.), S. 50-60

ERWE, Hans-Joachim: Musizieren im Unterricht. In: HELMS/SCHNEIDER/WEBER (Hg.) 1994, S. 202-203

EUROPÄISCHE KOMMISSION (Hg.): Weißbuch zur allgemeinen und beruflichen Bildung. Lehren und Lernen – Auf dem Weg zur kognitiven Gesellschaft. Luxemburg 1996

FEDERHOFER-KÖNIGS, Renate/FEDERHOFER, Hellmut: Musikerziehung. A. Geschichte der Musikerziehung bis um 1800. In: BLUME (Hg.), Sp. 1105-1120

FELBIGER, Johann Ignaz: Kern des Methodenbuches, besonders für die Landschulmeister in den kaiserlich-königlichen Staaten. Wien 1777 (Reprint: Wien, 2. Aufl. 1981)

FERTIG, Ludwig: Zeitgeist und Erziehungskunst. Eine Einführung in die Kulturgeschichte der Erziehung in Deutschland von 1600 bis 1900. Darmstadt 1984

FIGAL, Günter: Der Sinn des Verstehens. Beiträge zur hermeneutischen Philosophie. Stuttgart 1996

FINSCHER, Ludwig (Hg.): Die Musik in Geschichte und Gegenwart. Allgemeine Enzyklopädie der Musik, begründet von Friedrich BLUME. 2., neubearbeitete Ausgabe. Sachteil. Band 6, Kassel und Stuttgart 1997

FISCHER, Wilfried: Methoden im Musikunterricht der Primarstufe. In: Wolfgang SCHMIDT-BRUNNER (Hg.), Methoden des Musikunterrichts. Eine Bestandsaufnahme. Mainz etc. 1982, S. 125-144

FRANKL, Viktor E.: Argumente für einen tragischen Optimismus. In: Sinnvoll heilen. Viktor E. Frankls Logotherapie – Seelenheilkunde auf neuen Wegen. Freiburg im Breisgau 1984, S. 11-31

FREY, Gerhard: Anthropologie der Künste. Freiburg/München 1994

FUCHS, Rainer: Einführung in die Lernpsychologie. Ein Überblick über den gegenwärtigen Stand der Forschung. Darmstadt 1980

GADAMER, Hans-Georg: Die Aktualität des Schönen. Kunst als Spiel, Symbol und Fest. Stuttgart 1995

GEMBRIS, Heiner: Musikalität. B. Musikalische Entwicklung. In: FINSCHER (Hg.), Sp. 879-901

GEORGIADES, Thrasybulos: Musik und Rhythmus bei den Griechen. Zum Ursprung der abendländischen Musik. Hamburg 1958

GETHMANN-SIEFERT, Annemarie: Einführung in die Ästhetik. München 1995

GLÖCKEL, Hans: Vom Unterricht. Lehrbuch der Allgemeinen Didaktik. 3. Aufl., Bad Heilbrunn/Obb. 1996

GRUHN, Wilfried: Geschichte der Musikerziehung. Eine Kultur- und Sozialgeschichte vom Gesangunterricht der Aufklärungspädagogik zu ästhetisch-kultureller Bildung. Hofheim 1993

GRUHN, Wilfried: Geschichte der Musikpädagogik II. In: HELMS/SCHNEIDER/WEBER (Hg.) 1994, S. 92-97 (a)

GRUHN, Wilfried: Hören und Verstehen. In: HELMS/SCHNEIDER/WEBER (Hg.) 1995, S. 196-222

GRUHN, Wilfried: Hörerziehung. In: HELMS/SCHNEIDER/WEBER (Hg.) 1994, S. 108-110 (b)

GRUHN, Wilfried: Schulmusik in der Krise? In: Musik und Unterricht, 7. Jahrgang (1996), Heft 36, S. 34-37

GRUHN, Wilfried: Verstehen von Musik. In: HELMS/SCHNEIDER/WEBER (Hg.) 1994, S. 293-296 (c)

GRUHN, Wilfried: Wahrnehmen und Verstehen. Untersuchungen zum Verstehensbegriff in der Musik. Wilhelmshaven 1989

GRUHN, Wilfried/RICHTER, Christoph: Was heißt Musik verstehen? Ein Dialog zwischen Wilfried Gruhn und Christoph Richter. In: Musik und Unterricht, 5. Jahrgang (1994), Heft 28, S. 12-21

GUDJONS, Herbert: Erziehung und Bildung. Begriffe, Grundfragen, aktuelle Aspekte. In: Pädagogik, 45. Jahrgang (1993), Heft 7-8, S. 74-81

GÜNTHER, Ulrich/HELMS, Siegmund (Hg.): Schülerbild – Lehrerbild – Musiklehrerausbildung. Essen 1992

HAMANN, Bruno: Geschichte des Schulwesens. Werden und Wandel der Schule im ideen- und sozialgeschichtlichen Zusammenhang. 2. Aufl., Bad Heilbrunn/Obb. 1993

HARRER, Gerhart: Beziehung zwischen Musikwahrnehmung und Emotionen. In: BRUHN/OERTER/RÖSING (Hg.) 1993, S. 588-599

HARTFIEL, Günter/HILLMANN, Karl-Heinz: Wörterbuch der Soziologie. 3. Aufl., Stuttgart 1982

HEID, Helmut: Das Theorie-Praxis-Verhältnis in der Pädagogik. In: ROTH (Hg.) 1991, S. 949-957

HEIDBRINK, Ludger: Das Dilemma der Verantwortung. In: Merkur, 50. Jahrgang (1996), Heft 9/10, S. 982-989

HELMHOLZ, Brigitta: Musikdidaktische Konzeptionen in Deutschland nach 1945. Essen 1996

HELMS, Siegmund/SCHNEIDER, Reinhard/WEBER, Rudolf (Hg.): Kompendium der Musikpädagogik. Kassel 1995

HELMS, Siegmund/SCHNEIDER, Reinhard/WEBER, Rudolf (Hg.): Neues Lexikon der Musikpädagogik. Sachteil. Kassel 1994

HENCKMANN, Wolfhart/LOTTER, Konrad (Hg.): Lexikon der Ästhetik. München 1992

VON HENTIG, Hartmut: Bildung. Ein Essay. München/Wien 1996

VON HENTIG, Hartmut: Die Menschen stärken, die Sachen klären. Ein Plädoyer für die Wiederherstellung der Aufklärung. Stuttgart 1985

HEPP, Corona: Avantgarde. Moderne Kunst, Kulturkritik und Reformbewegungen nach der Jahrhundertwende. 2. Aufl., München 1992

HERKNER, Werner: Lehrbuch Sozialpsychologie. 5. Aufl., Bern/Stuttgart/Toronto 1991 (Nachdruck 1993)

HESSE, Hans Albrecht: Der Schutzstaat. Rechtssoziologische Skizzen in dunkler Zeit. Baden-Baden 1994

HESSE, Hermann: Demian. Die Geschichte von Emil Sinclairs Jugend (1919). Frankfurt am Main 1978

HÜSCHEN, Heinrich: Musik. B. Begriffs- und geistesgeschichtlich. In: BLUME (Hg.), Sp. 970-1000

INGLEHART, Ronald: Kultureller Umbruch. Wertwandel in der westlichen Welt. Frankfurt/New York 1989

JANK, Werner: Das implizite Lehrerbild in ausgewählten musikpädagogischen Konzeptionen. In: GÜNTHER/HELMS (Hg.), S. 11-32 (1992)

JANK, Werner: Didaktische Interpretation von Musik oder Didaktik der musikalisch-ästhetischen Erfahrung? Eine Problemskizze. In: OTT/VON LOESCH (Hg.), S. 228-261 (1996)

JANK, Werner: Erfahrungserschließende Musikerziehung. In: HELMS/SCHNEIDER/WEBER (Hg.) 1994, S. 62-64

JANK, Werner/MEYER, Hilbert: Didaktische Modelle. Frankfurt am Main 1991

JANKE, Klaus/NIEHUES, Stefan: Echt abgedreht. Die Jugend der 90er Jahre. 4. Aufl., München 1996

KAISER, Hermann J.: Musikalische Erfahrung – Annotate zu einer musikpädagogischen Grundkategorie. In: LUGERT/SCHÜTZ (Hg.), S. 54-77

KAISER, Hermann J./NOLTE, Eckhard: Musikdidaktik. Sachverhalte – Argumente – Begründungen. Mainz etc. 1989

KARBUSICKY, Vladimir (Hg.): Sinn und Bedeutung in der Musik. Texte zur Entwicklung des musiksemiotischen Denkens. Darmstadt 1990

KINSKY-WEINFURTER, Gottfried: Das Verschwinden der Hochkultur. In: Arbeitsgemeinschaft der Musikerzieher Österreichs (Hg.), Musik – unsere Chance. Erziehung – Wirtschaft – Kulturpolitik. Kongreßbericht. Wien 1996, S. 128-135

KINSKY-WEINFURTER, Gottfried: Die Utopie der Gegenwart. In: Interaktion. Universität und Schule in der gemeinsamen Aufgabe der Lehrerbildung, hg. vom Zentrum für das Schulpraktikum der Universität Wien. Band IV, Wien o.J., S. 11-16

KLEINEN, Günter: Die psychologische Wirklichkeit der Musik. Wahrnehmung und Deutung im Alltag. Kassel 1994

KLEINEN, Günter/KREUTZ, Gunter: Kommunikationsmedien. In: HELMS/SCHNEIDER/ WEBER (Hg.) 1995, S. 373-392

KRON, Friedrich W.: Grundwissen Didaktik. 2. Aufl., München/Basel 1994 (a)

KRON, Friedrich W.: Grundwissen Pädagogik. 4. Aufl., München/Basel 1994 (b)

KRONES, Hartmut: Musik und Rhetorik. In: FINSCHER (Hg.), Sp. 814-852

KRÜGER, Rudolf: Das Lehrer-Schüler-Verhältnis. In: ROTH (Hg.), S. 799-812

KÜHN, Clemens: Musiklehre. Grundlagen und Erscheinungsformen der abendländischen Musik. Köln o.J.

LASSAHN, Rudolf: Grundriß einer Allgemeinen Pädagogik. 3. Aufl., Wiesbaden 1993

LEHMANN, Andreas C.: Habituelle und situative Rezeptionsweisen beim Musikhören. Eine einstellungstheoretische Untersuchung. Frankfurt am Main etc. 1994

LEMMERMANN, Heinz: Musikunterricht. Hinweise – Bemerkungen; Erfahrungen –Anregungen. 3. Aufl., Bad Heilbrunn/Obb. 1984

LOSER, Fritz/TERHART, Ewald: Schule als Lebensraum – Schüler und Lehrer. In: ROTH (Hg.), S. 859-868

LÜBBE, Hermann: Im Zug der Zeit. Verkürzter Aufenthalt in der Gegenwart. 2. Aufl., Berlin/ Heidelberg/New York etc. 1994

LUGERT, Wulf Dieter: Musikpädagogik von Adornos Kritik bis heute. Ein Schulfach auf der Suche nach seiner Identität. In: OTT/VON LOESCH (Hg.), S. 201-212

LUGERT, Wulf Dieter/SCHÜTZ, Volker (Hg.): Aspekte gegenwärtiger Musikpädagogik. Ein Fach im Umbruch. Stuttgart 1991

LUHMANN, Niklas: System und Absicht der Erziehung. In: LUHMANN/SCHORR (Hg.) 1992, S. 102-124

LUHMANN, Niklas: Systeme verstehen Systeme. In: LUHMANN/ SCHORR (Hg.) 1986, S. 72-117

LUHMANN, Niklas/SCHORR, Eberhard (Hg.): Zwischen Absicht und Person. Fragen an die Pädagogik. Frankfurt am Main 1992

LUHMANN, Niklas/SCHORR, Karl Eberhard (Hg.): Zwischen Intransparenz und Verstehen. Fragen an die Pädagogik. Frankfurt am Main 1986

MAAS, Georg: Handlungsorientierte Begriffsbildung im Musikunterricht. Theoretische Grundlagen, Entwicklung und vergleichende Evaluation eines Unterrichtskonzepts. Mainz etc. 1989

MAAS, Georg (Hg.): Musiklernen und Neue (Unterrichts-) Technologien. Essen 1995 (Vorwort: S. 11-13)

MAGEE, Bryan: Karl Popper. Tübingen 1986

MARK, Desmond: Musikschule 2000: Der Bedarf an Musikschullehrern. Bestandsaufnahme, Berufsbild, Prognose. Wien 1990

MARQUARD, Odo: Neugier als Wissenschaftsantrieb oder Die Entlastung von der Unfehlbarkeitspflicht. In: ders., Glück im Unglück. Philosophische Überlegungen. München 1995, S. 75-91

MATTENKLOTT, Gert: Geisteswissenschaft - eine parabolische Geselligkeit. In: Merkur, 43. Jahrgang (1989), Heft 12, S. 1069-1080

MEINBERG, Eckhard: Das Menschenbild der modernen Erziehungswissenschaft. Darmstadt 1988

MEISSNER, Ralf: Musikunterricht als Netzwerk. Reflexionen, Analysen und Modelle zur Struktur von Unterrichtszusammenhängen – Ein Beitrag zur Unterrichtsplanung. Kassel 1996

MEYER, Hilbert: Leitfaden zur Unterrichtsvorbereitung. 3. Aufl., Königstein/Ts. 1980

MEYER, Hilbert: Unterrichtsmethoden, I. Theorieband. 4. Aufl., Frankfurt am Main 1991

MITTELSTRASS, Jürgen: Leonardo-Welt – Aspekte einer Epochenschwelle. In: Gert KAISER/Dirk MATEJOVSKI/Jutta FEDROWITZ (Hg.), Kultur und Technik im 21. Jahrhundert, Frankfurt am Main/ New York 1993, S. 16-32

DE LA MOTTE-HABER, Helga: Die Motivation zu Leistung und Erfolg. In: dies. (Hg.), Psychologische Grundlagen des Musiklernens (=Handbuch der Musikpädagogik, hg. von Hans-Christian SCHMIDT, Band 4). Kassel/Basel/London 1987, S. 273-331

DE LA MOTTE-HABER, Helga: Handbuch der Musikpsychologie. Laaber 1985

MÜLLER, Renate: Die Musik der Woche. Vier Bagatellen und die Neugier auf die beiden anderen. In: Musik und Bildung, 23. (82.) Jahrgang (1991), Heft 4, S. 18-20

MÜLLER, Renate: Soziale Bedingungen der Umgehensweisen Jugendlicher mit Musik. Theoretische und empirisch-statistische Untersuchung zur Musikpädagogik. Essen 1990

MÜNCH, Richard: Die Kultur der Moderne. (Band 1: Ihre Grundlagen und ihre Entwicklung in England und Amerika. Band 2: Ihre Entwicklung in Frankreich und Deutschland). Frankfurt am Main 1993

NIERMANN, Franz: Rockmusik und Unterricht. Eigene Wege für den Alltag mit Musik. Stuttgart 1987

NITSCHKE, August: Körper in Bewegung. Gesten, Tänze und Räume im Wandel der Geschichte. Zürich 1989

NOLL, Günther: Musiklernen. In: HELMS/SCHNEIDER/WEBER (Hg.) 1994, S. 187-188 (a)

NOLL, Günther: Musische Bildung/Musische Erziehung. In: HELMS/SCHNEIDER/WEBER (Hg.) 1994, S. 201-202 (b)

NOLTE, Eckhard (Hg.): Historische Ursprünge der These vom erzieherischen Auftrag des Musikunterrichts. Mainz etc. 1986

NOLTING, Hans-Peter/PAULUS, Peter: Pädagogische Psychologie. Stuttgart/Berlin/Köln 1992

NYKRIN, Rudolf: Erfahrungserschließende Musikerziehung. Konzept – Argumente – Bilder. Regensburg 1978

OELKERS, Jürgen: Verstehen als Bildungsziel. In: LUHMANN/SCHORR (Hg.) 1986, S. 167-218

OERTER, Rolf: (Musik und Individuum:) Handlungstheoretische Fundierung. In: BRUHN/OERTER/RÖSING (Hg.) 1993, S. 253-267

OTT, Thomas: (Lernbereich Ästhetik:) Musik. In: Hans-Dieter HALLER/Hilbert MEYER (Hg.), Ziele und Inhalte der Erziehung und des Unterrichts (=Enzyklopädie Erziehungswissenschaft, hg. von Dieter LENZEN, Band 3). Stuttgart 1986, S. 216-223

OTT, Thomas: Musikpädagogische Konzeptionen. In: HELMS/SCHNEIDER/WEBER (Hg.) 1994, S. 137-139

OTT, Thomas: Wirklichkeit, Konstruktion oder konstruierte Wirklichkeit? Skeptisches zur >Lehrerpersönlichkeit<. In: Hermann J. KAISER/ Eckhard NOLTE/Michael ROSKE (Hg.), Vom pädagogischen Umgang mit Musik. Mainz etc. 1993, S. 273-281

OTT, Thomas/VON LOESCH, Heinz (Hg.): Musik befragt – Musik vermittelt. Peter Rummenhöller zum 60. Geburtstag. Augsburg 1996

PERREZ, Meinrad/HUBER, Günter L./GEISSLER, Karlheinz A.: Psychologie der pädagogischen Interaktion. In: Bernd WEIDENMANN/Andreas KRAPP/Manfred HOFER/Günter L. HUBER/Heinz MANDL (Hg.), Pädagogische Psychologie. Ein Lehrbuch. 3. Aufl., Weinheim 1994, S. 361-445

PESCHL, Gabriele: Zwischen Musikpädagogik und Bildungspolitik. Werden und Wirken der AGMÖ 1947-1997. In: dies., AGMÖ 1947-1997. Musikerziehung in Österreich. Wien 1997, S. 1-229

PETERSSEN, Wilhelm H.: Handbuch Unterrichtsplanung. Grundfragen, Modelle, Stufen, Dimensionen. 5. Aufl., München und Linz 1992

PETILLON, Hanns: Der Schüler. Rekonstruktion der Schule aus der Perspektive von Kindern und Jugendlichen. Darmstadt 1987

PFEIFFER, Wolfgang: Musiklehrer. Biographie, Alltag und berufliche Zufriedenheit von Musiklehrern an bayerischen Gymnasien. Eine theoretische und empirische Analyse. Essen 1994

POPPER, Karl R.: Alles Leben ist Problemlösen. Über Erkenntnis, Geschichte und Politik. 7. Aufl., München/Zürich 1995 (a)

POPPER, Karl R.: Auf der Suche nach einer besseren Welt. Vorträge und Aufsätze aus dreißig Jahren. München/Zürich 1984

POPPER, Karl R.: Die offene Gesellschaft und ihre Feinde, II. Falsche Propheten. Hegel, Marx und die Folgen. 5. Aufl., München 1977

POPPER, Karl R.: Objektive Erkenntnis. Ein evolutionärer Entwurf. 3. Aufl., Hamburg 1995 (b)

PRANGE, Klaus: Intention als Argument. In: LUHMANN/SCHORR (Hg.) 1992, S. 58-101

RAUHE, Hermann/REINECKE, Hans-Peter/RIBKE, Wilfried: Hören und Verstehen. Theorie und Praxis handlungsorientierten Musikunterrichts. München 1975

REINFANDT, Karl-Heinz: Warum singen wir im Musikunterricht? Umrisse einer künftigen Singedidaktik. In: LUGERT/SCHÜTZ (Hg.), S. 149-158

RICHTER, Christoph: Das Prinzip von Vers und Prosa in der Musik. Eine Anleitung zum Hören, Analysieren, Deuten und Verstehen von Musikwerken. Frankfurt am Main/Berlin/München 1984

RICHTER, Christoph: Kunstwerk. In: HELMS/SCHNEIDER/WEBER (Hg.) 1994, S. 145-149

RICHTER, Christoph: Musik als Spiel. Orientierung des Musikunterrichts an einem fachübergreifenden Begriff. Ein didaktisches Modell. Wolfenbüttel/Zürich 1975

RICHTER, Christoph: Musikpädagogik. A. Versuch einer Systematik der Musikpädagogik. In: FINSCHER (Hg.), Sp. 1441-1473 (1997)

RICHTER, Christoph: Theorie und Praxis der didaktischen Interpretation von Musik. Frankfurt am Main/Berlin/München 1976

RICHTER, Christoph: siehe auch GRUHN/RICHTER

RIEDL, Rupert: Biologie der Erkenntnis. Die stammesgeschichtlichen Grundlagen der Vernunft. 2. Aufl., Berlin/Hamburg 1980

RIETHMÜLLER, Albrecht: Programmusik in der Ästhetik des 19. Jahrhunderts. In: Albrecht GOEBEL (Hg.), Programmusik. Analytische Untersuchungen und didaktische Empfehlungen für den Musikunterricht in der Sekundarstufe. Mainz etc. 1992, S. 9-29

RÖÖSLI, Joseph: Didaktik des Musikunterrichtes. Hitzkirch 1991

RÖSING, Helmut: Grundzüge musikalischen Hörens und psychische Wirkungen funktioneller Musik. In: Günter KLEINEN/Werner KLÜPPELHOLZ/Wulf Dieter LUGERT (Hg.), Musikunterricht Sekundarstufen: Musikunterricht im Alltag. Düsseldorf 1985, S. 39-55

RÖSING, Helmut: Musik im Alltag. In: BRUHN/OERTER/RÖSING (Hg.) 1993, S. 113-130 (a)

RÖSING, Helmut: Musikalische Sozialisation. In: HELMS/SCHNEIDER/WEBER (Hg.) 1995, S. 349-372

RÖSING, Helmut: Sonderfall Abendland. In: BRUHN/OERTER/RÖSING (Hg.) 1993, S. 74-86 (b)

RÖSING, Helmut/MAAS, Georg: Musikpsychologie und Musikunterricht. In: BRUHN/OERTER/RÖSING (Hg.) 1993, S. 354-360

RÖSING, Helmut/PHLEPS, Thomas: Persönlichkeitsentwicklung. In: BRUHN/OERTER/RÖSING (Hg.) 1993, S. 368-376

RÖSING, Helmut/ROEDERER, Juan G.: Musik in der Entwicklung der Menschheit. In: BRUHN/OERTER/RÖSING (Hg.) 1985, S. 351-359

ROTH, Gerhard: Das Gehirn und seine Wirklichkeit. Kognitive Neurobiologie und ihre philosophischen Konsequenzen. 4. Aufl., Frankfurt am Main 1996

ROTH, Leo (Hg.): Pädagogik. Handbuch für Studium und Praxis. München 1991

SCHÄFERS, Bernhard: Soziologie des Jugendalters. Eine Einführung. 5. Aufl., Opladen 1994

SCHATT, Peter W.: Treffpunkt Form: Musikalische Lebenswelt in einer Orientierung, fünf Annäherungen und einem Ausblick. In: ders. (Hg.), Form und Kultur. Studien zur musikalischen Bildung. Essen 1995, S. 63-118

SCHERMER, Franz J.: Lernen und Gedächtnis. Stuttgart/Berlin/Köln 1991

SCHIFFLER, Horst/WINKELER, Rolf: Tausend Jahre Schule. Eine Kulturgeschichte des Lernens in Bildern. Stuttgart/Zürich 1985

SCHMITT, Rainer: Wirklichkeitsorientierung als Herausforderung des Musikunterrichts. In: Rainer SCHMITT/Rainer WILKE (Hg.), Musikunterricht in der Schule zwischen Anspruch und Wirklichkeit. Regensburg 1990, S. 9-15

SCHNEIDER, Ernst Klaus: Musikräume. Lernwirklichkeit für Schülerinnen und Schüler. In: Musik und Bildung 22. (81.) Jahrgang (1990), Heft 6, S. 336-340

SCHNEIDER, Norbert: Geschichte der Ästhetik von der Aufklärung bis zur Postmoderne. Eine paradigmatische Einführung. Stuttgart 1996

SCHNEIDER, Norbert Jürgen: Komponieren für Film und Fernsehen. Ein Handbuch. Mainz etc. 1997

SCHORCH, Günter: Unterrichtsplanung und Unterrichtsvorbereitung. In: ROTH (Hg.), S. 704-715

SCHULTEN, Maria Luise: Musikpräferenz und Musikpädagogik. Ein Beitrag zur musikpädagogischen Grundlagenforschung. Frankfurt am Main etc. 1990

SCHULZE, Gerhard: Die Erlebnisgesellschaft. Kultursoziologie der Gegenwart. 6. Aufl., Frankfurt am Main/New York 1996

SCHÜTZ, Volker: Didaktik der Pop/Rockmusik – Begründungsaspekte. In: HELMS/ SCHNEIDER/WEBER (Hg.) 1995, S. 262-280

SCHÜTZ, Volker: Musikmachen. Versuch einer didaktischen Revision. In: LUGERT/ SCHÜTZ (Hg.), S. 182-203 (1991)

SCHÜTZ, Volker: Schwierigkeiten bei der Verständigung über Musik in Zeiten der Transkulturalität. Über einige Probleme eines Musikpädagogen mit der Musikwissenschaft. In: OTT/VON LOESCH (Hg.), S. 91-105 (1996)

SMUDITS, Alfred: Die digitale Mediamorphose als Herausforderung für die Kulturpolitik. In: Institut für Musiksoziologie der Hochschule für Musik und Darstellende Kunst in Wien (Hg.), Berichte und Informationen, Nr. 20 (...) Wien 1996, S. 27-32

SMUDITS, Alfred: Kommunikationstechnologien und Kunst. Mediamorphosen des Kulturschaffens. Habilitationsschrift an der grund- und integrativwissenschaftlichen Fakultät der Universität Wien. (Wien 1990)

SPYCHIGER, Maria: Musik und außermusikalische Lerninhalte. In: BRUHN/OERTER/RÖSING (Hg.) 1993, S. 360-368

STEINDORF, Gerhard: Grundbegriffe des Lehrens und Lernens. 4. Aufl., Bad Heilbrunn/Obb. 1995

STOCKMANN, Doris: Musikalische Zeichen, zeichenbegleitende und zeichenähnliche musikalische Strukturen. In: KARBUSICKY (Hg.), S. 179-190

TENORTH, Heinz-Elmar: „Alle alles zu lehren". Möglichkeiten und Perspektiven allgemeiner Bildung. Darmstadt 1994

TILLMANN, Klaus-Jürgen: Das Verhältnis von Jugendlichen zur Schule – Zum Wandel von Sozialisationsprozessen seit den 60er Jahren in den alten Bundesländern. In: GÜNTHER/HELMS (Hg.), S. 91-107

VEDDER, Gregor: Bibliographie der Schriften von Michael Alt. In: Heinz ANTHOLZ/Willi GUNDLACH (Hg.), Musikpädagogik heute. Perspektiven – Probleme – Positionen. Düsseldorf 1975, S. 255-259

VENUS, Dankmar: Unterweisung im Musikhören. Verbesserte Neuausgabe. Wilhelmshaven 1984

VOLLMER, Gerhard: Auf der Suche nach der Ordnung. Beiträge zu einem naturalistischen Welt- und Menschenbild. Stuttgart 1995

WEINZIERL, Rupert: Gesellschaftliche Trends zur Jahrtausendwende. In: SWS-Rundschau, 36. Jahrgang (1996), Heft 1, S. 3-8

WELSCH, Wolfgang: Ästhetisches Denken. 4. Aufl., Stuttgart 1995

WELSCH, Wolfgang: Grenzgänge der Ästhetik. Stuttgart 1996

WELSCH, Wolfgang: Transkulturalität. In: Universitas, 52. Jahrgang (1997), Heft 1, S. 16-24

WILLKE, Helmut: Systemtheorie, I. Grundlagen. Eine Einführung in die Grundprobleme der Theorie sozialer Systeme. 5. Aufl., Stuttgart 1996

WUKETITS, Franz: Schlüssel zur Philosophie. München 1991

WUKETITS, Franz M. (= Franz): Die Entdeckung des Verhaltens. Eine Geschichte der Verhaltensforschung. Darmstadt 1995

ZIMA, Peter V.: Moderne/Postmoderne. Gesellschaft, Philosophie, Literatur. Tübingen/Basel 1997

ZUCHA, Rudolf O.: Sozialpsychologie des Unterrichts. Paderborn etc. 1980

Personenregister

A

Abele, Tamino 36
Abel-Struth, Sigrid 1, 29 ff., 89, 113 ff., 130 f., 143
Adl-Amini, Bijan 15
Adorno, Theodor W. 140, 144
Aebli, Hans 26, 53
Alt, Michael 45, 47, 144 f.
Antholz, Heinz 36, 39, 82, 105, 115
Aristoteles 1, 60, 135
Aschersleben, Karl 16, 116

B

Baacke, Dieter 65, 76, 80, 93, 96 f.
Bachmair, Gerd 102
Bahrdt, Hans Paul 103
Barth, A. R. 89
Bässler, Hans 105
Bastian, Hans Günther 45, 90, 97
Beck, Wolfgang 57
Becker, Georg E. 110
Behne, Klaus-Ernst 51, 68, 94
Bierich, Marcus 40
Blaukopf, Kurt 28, 38, 46, 57, 71, 79, 141
Böhm, Winfried 3, 9, 14, 24
Brandl, Rudolf Maria 37
Brandstätter, Ursula 61
Breckoff, Werner 146
Brodbeck, Karl-Heinz 130, 133
Bruhn, Herbert 38, 48
Bruner, Jerome S. 53
Bühl, Walter L. 141
Busch, Hans-Joachim 11

C

Castiglione, Baldassare 115
Charlton, Michael 80
Czernin, Monika 72

D

Dahlhaus, Carl 36, 57, 142
Dawkins, Marian Stamp 82
Diederich, Jürgen 107
Dietrich, Theo 4, 6, 111, 114
Dolch, Josef 16, 18, 72, 115
Dollase, Rainer 11

E

Eberhard, Kurt 5
Eco, Umberto 53
Eggebrecht, Hans Heinrich 36, 58
Ehrenfort, Karl Heinrich 135 f., 138, 148
Einsiedler, Wolfgang 28
Engel, Gerhard 30, 40
Engel, Hans 36
Erwe, Hans-Joachim 129

F

Federhofer, Hellmut 137
Federhofer-Königs, Renate 137
Felbiger, Johann Ignaz 90
Fertig, Ludwig 21
Figal, Günter 37
Fischer, Wilfried 124
Frankl, Viktor E. 76
Freud, Sigmund 100
Frey, Gerhard 49
Frisius, Rudolf 147
Fröhlich, Werner D. 57
Fuchs, Rainer 25

G
Gadamer, Hans-Georg 51
Gehlen, Arnold 101
Gembris, Heiner 93
Georgiades, Thrasybulos 1
Gethmann-Siefert, Annemarie 51
Glöckel, Hans 23, 27, 66, 90, 92, 101, 104, 107, 110, 112, 114, 116 f., 125
Grice, H. P. 104
Gruhn, Wilfried 21, 51, 54 f., 57, 59 ff., 86, 93, 139, 140, 142, 145
Gudjons, Herbert 29
Guido von Arezzo 136

H
Haase, Dietrich Otto 143
Hamann, Bruno 135 ff.
Harrer, Gerhart 42
Hartfiel, Günter 3
Heid, Helmut 4 f.,
Heidbrink, Ludger 21
Helmholz, Brigitta 142, 147
Henckmann, Wolfhart 20, 42, 60, 67, 84, 118
von Hentig, Hartmut 13, 22
Hepp, Corona 62
Herkner, Werner 90, 104
Hesse, Hans Albrecht 66 f.
Hesse, Hermann 4
Hillmann, Karl-Heinz 3
Hrabanus Maurus 136
Humboldt von, Wilhelm 14
Hüschen, Heinrich 34

I
Inglehart, Ronald 141

J
Jank, Werner 101, 117, 147, 149
Janke, Klaus 95
Jöde, Fritz 142

K
Kaiser, Hermann J. 55, 109, 111 f., 117
Kant, Immanuel 131
Kestenberg, Leo 144
Kinsky-Weinfurter, Gottfried 63, 78
Klafki, Wolfgang 14
Kleinen, Günter 14, 48, 55, 60, 81, 118, 126
Konfuzius 135
Kretzschmar, Hermann 144
Kreutz, Gunter 81
Kron, Friedrich W. 14 f., 24, 32, 88, 102, 106, 117
Krones, Hartmut 62
Krüger, Rudolf 100

L
Lassahn, Rudolf 14
Lehmann, Andreas C. 126
Lemmermann, Heinz 91, 127, 133
Lennon, John 84
Loser, Fritz 100
Lorenz, Konrad 2
Lotter, Konrad 20, 42, 60, 67, 84, 118
Lübbe, Hermann 69 ff., 77 f., 85
Lugert, Wulf Dieter 149
Luhmann, Niklas 34, 99 f., 102, 106
Luther, Martin 138

M
Maas, Georg 85, 91, 131
Mach, Ernst 82
Magee, Bryan 82
Marc, Franz 49
Mark, Desmond 77
Marquard, Odo 39
Mattenklott, Gert 19
Meinberg, Eckhard 105
Meissner, Ralf 62, 109
Meyer, Hilbert 15, 34, 101, 110, 117
Mittelstrass, Jürgen 66
de la Motte-Haber, Helga 24, 51 f., 56, 60, 117
Mozart, Wolfgang Amadeus 78, 84
Müller, Renate 91, 95, 98, 100
Münch, Richard 38

N
Neisser, Ulric 55
Neumann-Braun, Klaus 80
Niehues, Stefan 95
Niermann, Franz 84, 99
Nitschke, August 3
Noll, Günther 11, 143
Nolte, Eckhard 30, 109, 111 f., 117
Nolting, Hans-Peter 5, 25, 31
Nykrin, Rudolf 149

O
Oelkers, Jürgen 51, 65
Oerter, Rolf 23, 38, 110 f.
Ogburn, William F. 141
Orff, Carl 142
Ott, Thomas 89, 147, 149

P
Paulsen, Friedrich 39
Paulus, Peter 5, 25, 31
Perrez, Meinrad 4, 102, 104
Peschl, Gabriele 143
Peterssen, Wilhelm H. 112 f.
Petillon, Hanns 95, 103
Pfeiffer, Wolfgang 88 f., 91, 102
Phleps, Thomas 29
Platon 29, 135
Popper, Karl R. 1 f., 7, 56, 81
Prange, Klaus 39

R
Rauhe, Hermann 46 f., 53, 121, 126
Reinecke, Hans-Peter 46, 53, 121, 126
Reinfandt, Karl-Heinz 132
Ribke, Wilfried 46, 53, 121, 126
Richter, Christoph 52 f., 57, 99, 104, 145, 148
Riedl, Rupert 2
Riethmüller, Albrecht 60
Roederer, Juan G. 44
Rolling Stones 78
Röösli, Joseph 94
Rösing, Helmut 12, 29, 37 f., 44, 91, 126
Roth, Gerhard 14, 56, 58
Roth, Heinrich 24
Rousseau, Jean Jacques 143
Rüsenberg, Michael 11
Russell, Bertrand 40

S
Sander, Uwe 80
Schäfers, Bernhard 64, 68, 74, 94, 96, 101
Schatt, Peter W. 54
Schermer, Franz J. 2, 27
Schiffler, Horst 136
Schiller, Friedrich 20
Schmitt, Rainer 63
Schneider, Ernst Klaus 11
Schneider, Norbert 78
Schneider, Norbert Jürgen 44
Schorch, Günter 109
Schulten, Maria Luise 90, 98
Schulze, Gerhard 64, 69, 73 f., 76, 85
Schütz, Volker 62, 68, 126
Smudits, Alfred 79
Sophisten 16, 21
Spychiger, Maria 30
Steindorf, Gerhard 20, 24
Stockmann, Doris 44
Stollenwerk, Hans J. 11

T
Tenorth, Heinz-Elmar 16 ff., 27
Terhart, Ewald 100
Tillmann, Klaus-Jürgen 63
Trommler, F. 68

V
Vedder, Gregor 145
Venus, Dankmar 127, 145
Vierlinger, Rupert 104
Vollbrecht, Ralf 80
Vollmer, Gerhard 82

W
Weber, Alfred 146
Weber, Max 146
Weinzierl, Rupert 82
Welsch, Wolfgang 36, 38, 42, 47, 54, 80
Wilhelm von Ockham 82
Willke, Helmut 31 ff., 90, 99, 100 f., 103, 107, 113, 125
Winkeler, Rolf 136
Wuketits, Franz M. 2, 22

Z
Zima, Peter V. 38
Zucha, Rudolf O. 88

Sachregister

18. Jahrhundert 14, 136 ff., 141
XIX. Jahrhundert 16, 35, 59, 71 f., 137 ff., 142

A
abendländische Kultur 22
Abwechslung 109, 111
Adel 73
Adoleszenz 92
afrikanische Kulturen 57
Akkulturation 71
Aktionismus 129
Aktivismus 142
Aktualismus 146 f.
Aktualität 40 f., 62 ff., 83 f.
aktuelle Kultur 32, 62 ff., 119
aktuelle Musikkultur 28, 132
aktuelles Musikleben 146
Allgegenwart der Musik 69
allgemeinbildende höhere Schulen 139
Allgemeinbildung 10, 15 ff., 72
Alltag 42, 96, 122, 126
Alltagsästhetik 74
Alltagskultur 77
amerikanische Musik 119
Analogie, -en 47, 51, 57 ff., 119 ff., 127, 133
Analogiebildung 125
Analysieren 130
Anforderungsniveau 91
Angst (Lehrer-) 102
Anschaulichkeit 104, 111
Antike 16, 29, 85, 114, 131, 135 f., 143
antikes Griechenland 16
Arbeitsformen (des Unterrichts) 110
Arbeitsteilung 33, 81, 100, 107
Assoziationen 55, 58, 126
ästhetische Bildung 20
Ästhetisches Verstehen 57 f.
Ästhetisierung des Alltagslebens 74
Athen 1, 135
Audio- und Videomedien 36, 62, 77
Audio/visuelle Medien 122, 139
Auditive Wahrnehmungserziehung 128, 147
Aufführung 46, 104, 113, 121, 123, 125, 129
Aufmerksamkeit 45, 107, 126 f.
Ausbildung 10, 12 f., 15 f.
Ausdruck 51
Ausdrucksantriebe 25
Ausdrucksverständnis 92
außereuropäische Musik 39
außerschulische Experten 87
Autonomie 26, 35
Autorität 102
Avantgarde 70, 147

B
Barockzeit 62, 119
Beaufsichtigung 89
Bedeutung (von Musik) 35, 43, 48, 51, 56, 58, 131
Bedingungen (des Musik-/Unterrichts) 3, 50, 93, 97, 109, 124, 129
Begleitung (Musik-) 120, 125, 132
Bewegung 21, 25, 59, 73, 96
Bewegungsbedürfnisse 25
Bild, -er 55, 59, 125
Bildungsbürgertum 142
Bildungstheoretische Didaktik 14
Bonbondidaktik 84
Bürger- und Menschenrechte 70
bürgerliche Musikkultur 35, 142

C
CD-Cover 83
China 22
Chor 10, 104
Cliquen 95
Computer 46, 120

D
Denkökonomie 82
Desorientierung 69, 76 f.
deutscher Idealismus 20
Deutschland 68, 139 f., 144
Didaktische Interpretation von Musik 147 ff.
Didaktische Reduktion 117
Dilettanten 139
Dilettantismus 82
Dingkonstanz 25
Dirigieren 128
Diskothek 69
Disziplinprobleme 91
Drittes Reich 140, 144
Dynamik 121

E
Einfühlung 60
elektronische Medien 79 ff.
Elementare (didaktisch), das 117
Elementare (ideologisch), das 68, 143
elementare Bildung 17
Elemente (der Musik) 51, 61, 117 f., 135
Elite 16 f.
Eltern 9 f., 88
Emotion 42, 122
Empfindungen 21, 55, 58
Ensemble 10, 87, 122
Enzyklopädie 18, 75
Erfahrungserschließende Musikerziehung 149
Erfinden 25 f., 124 f., 129, 147
Erkennendes Verstehen 57 f.
Erkenntnis, -se 1, 14, 43
Erlebnisgesellschaft 73 ff.
Erlebnisorientierung 69, 73 f.
Erwachsenenalter 92
Erzählen 134
Erziehung 1, 9, 28 ff., 66, 89, 105, 115, 135, 140, 143
Ethik 135
Europäische Kommission 19
Evaluation 82, 109
Evolution 22
exemplarisch 14, 117
Expansion der Kunst 69, 77 ff.

F
fächerübergreifender Unterricht 10
Familie 12, 31, 94 f.
Farben 11, 21, 59
Feinziele 113
Film 40, 85, 122
Filmmusik 44
Flüchtigkeit der Musik 45, 47 f.
Formgebung 121, 123
Freiheit (individuelle) 26, 71, 73
Freiheit der Kunst 78
Funktionen (von Musik) 12, 44, 92, 96, 116, 121 f., 126, 132, 146

G
Ganzheit 47 f., 118, 143
Gegenreformation 138
Gehirn 54 f.
geistliche Lieder 137
Gemeinschaft 140, 143
Gesang 16, 20, 84, 115, 137 f.
Geschichte 7, 10, 40, 102, 105, 119, 135 ff.
Geschlecht 12
Gesellschaften, geschlossene 114
Gesellschaft, moderne 31, 67, 114
Gesellschaft, offene 19
Gesellschaft, vormoderne 67, 114
Gesetzgeber 88
Gestalten (Tätigkeit) 25 f.
Gestaltung (von Musik) 23, 119 ff., 128
Gitarre 128
Gleichaltrigengruppe 94 f.
Gleichzeitigkeit des Ungleichzeitigen 69, 71, 82
Graphische Notation 147
Gregorianischer Choral 119, 136
Grenzen der Schule 66
Grobziele 113
Großbürgertum 73
Grundschule 23, 87
Gruppe 92

Gruppenbindung 25, 44
Gruppenkonkurrenz 25
Gymnasium 136, 139

H
Handlungsorientierung 142
Harmonik 121
Häßliche, das 29
Hellenismus 16
Hemmungen 94
Hermeneutik 148
Hermeneutischer Zirkel 53
Heteronomie 35
Hierarchie 25, 78
Historische Musikwissenschaft 36
Historismus 71
Historizismus 7
Hitparade 70
Hochkultur 78
höhere Bildung 65
Hören (von Musik) 42, 55, 57, 94, 101, 107, 126, 145
Hören, distanziertes 126
Hören, emotionales 94
Hören, funktionelles 126
Hören, involvierendes 126
Hörer 46, 53, 57, 126, 148
Hörerziehung 145
Hörgewohnheiten 12, 98

I
Identität, berufliche 100
Identität, erotische/sexuelle 95
Identität, kulturelle 38, 87
Identität, soziale 74
Identitätsfindung 79
Identitätsprobleme 74
Identitätssuche 94
Ideologie 7, 39, 50, 67, 86, 142 f.
Idol 13
Improvisation 123, 125, 147
Individuum 14, 17, 20, 45, 56, 71, 74, 85, 92, 100 f., 103, 123
Industrialisierung 142
Informationsbeschaffung 82, 88, 131
Informationsexplosion; Informationsimplosion 69, 72
Informationsflut 82
Informationsverarbeitung 82
informelles Lernen 92
Initiative 26
Innovation 35, 84, 119
Innovation; Tradition 35, 69 ff., 119
Institution, -en 9, 12, 14, 16, 21, 31 f., 89, 96, 101
Instrumentalensemble 104
Instrumentalmusik 16
Instrumentalmusikunterricht 144
Instrumentalspiel 135
Instrumentalunterricht 10, 16, 87
Instrumentarium 121, 128
Instrumentation 121
Instrumente 50, 84, 121, 128
Interaktion 4, 80, 90, 101
interdisziplinär 91, 123, 130
Interdisziplinarität 23
internationales Musikleben 146
Internationalisierung 142
Interpretation (musikpraktisch) 41, 123, 127
Intervalle 120, 137
Intuition 5

J
Japan 22
Jazz 70
Jugend 68
Jugendalter 93 ff.
Jugendbewegung 62, 142 f.
Jugendkultur, -en 68, 95 f., 140
Jugendmusikbewegung 35
Jugendmusikschulen 77
Jugendmythos, -en 68, 85

K
Kabuki-Theater 21
Kanon (allgemein bzw. didaktisch) 19, 21 f., 35
Kindheit 65, 86 f., 93
Kirche 136, 138, 141
Klangfarben 119

Klassiker 78
klassische Moderne 70
Klassische, das 85, 117
Klassisch-romantische Tradition 119
Klavierauszug 118
Knaben 94, 135
Kommunikation 23, 103
Kommunikationsbedürfnisse 25
Kommunikationsebenen (der Musik) 46 f.
Komplexität 31 ff., 125 f., 147
Komplexität, operative 32 f.
Komplexität, sachliche 32, 62
Komplexität, soziale 32, 100
Komplexität, zeitliche 32 f., 107
Komposition 91, 123, 125
Konnektionismus 54
Konstruktionsspiele 26
Konstruktivismus 14, 56
Konsum 73, 77
Kontinuität 84, 87, 103, 109 f., 120
Konzeptionen 142
Kooperation 23, 95, 103
Kooperationsprinzip 104
Kreativität 125, 140
Kreativitätserziehung 142
Kriterien 82, 104, 130
Kritik 82, 104, 129
Kritikfähigkeit 82
Kult 44, 132
kulturelle Segmente 83
kultureller Kontext 43, 47, 58, 61, 67, 122
kulturorientierter Unterricht 66
Kulturschaffende 66
Kulturtheorie 36
Kulturwandel 141
Kunst 19, 29, 36, 45, 47, 49, 51, 54, 77 ff., 118, 140, 146
Kunstcharakter (der Musik) 41, 49
Künstlichkeit 42, 45
Künstlichkeit der Musik 45
kunstorientierter Unterricht 125
Kunstorientierung 49, 50
Kunstvermittlung 79
Kunstwerkästhetik 142
Kunstwerkdidaktik 144 f.
Kunstwerk 27, 54, 140, 144 f., 147
Kurs 88, 91, 110

L

Laien 104, 128, 144
Langspielplatte 144
Learning by doing 111, 142
Lebensbereiche 122
Lebensgeschichte 45, 149
Lebensphänomene 58 f.
Lebensspanne 85, 98, 106
Lebensstile 96
Lehren 9, 11, 64
Lehrerbildung 138
Lehrerpersönlichkeit 90
Lehrerrolle, -en 89
Lehrer-Schüler-Verhältnis 100
Lehrerverhalten 102
Lehrplan 6, 16, 135, 147
Leistung 26, 66, 129
Leitbild 74, 114
Leitfiguren 96
Lerngeschichte (individuelle) 45, 92
Lernumgebung 11
Lied, -er 35, 49, 52, 60, 92, 137, 139 f.
Liedbegleitung 86
Liedbrücke 127
lineares Zeitverständnis 106

M

Mädchen 94, 137
Magie 44, 135
Masse 17, 74
Massenkultur 77
Massenmedien 80
Maßstab 3, 49, 71
Material (der Musik) 41, 119 ff., 147
Mediamorphose 69, 79 ff.
Medien 12, 40, 79 ff., 121
Melodik 121
Mentalität 12
Metapher 60, 75
Methode, -en (didaktisch) 6, 111, 139
Methodik 136, 147 f.
Mikrophon 83, 132

Mittelalter 17, 69, 85, 136 ff.
Moden 13, 81, 96
Moderne 14, 38, 67, 74, 84 f., 138, 141, 143
moderne Industriegesellschaft 77
moderne Kultur 39, 62 ff.
moderne Musikkultur 113
Modernität 37, 70 f.
Monochord 85, 136
Moral 20
Motivation 24, 89, 91, 101, 129
Mündigkeit 15
Museen 77
musikalische Allgemeinbildung 23 f., 93, 123
musikalische Entwicklung 92
Musikalische Erfahrung 55
Musikalische Intelligenz 23
musikalische Präferenzen 81, 92
musikalisches Lernen 44, 48, 87, 93
musikdidaktischer Realismus 86
Musiké 1, 135, 143
Musikerziehung 29, 67, 135, 138, 140, 149
Musikethnologie 37
Musikhören; Musikpräsentation (musikdidaktisch) 91, 124, 126 ff., 140, 145
Musikkunde 39
Musikpräferenzen 12, 96, 98
Musikpraktisches Verstehen 57, 132
Musikschule 88
musikspezifische Handlungsmodelle 107
Musiktheorie 129, 135 f.
Musikwahrnehmung 51 ff.
Musikwiedergabe 127
Musikwissenschaft 36, 142
Musische Bildung 140
Musische Erziehung 16, 140, 143 f.
Musizieren 52, 81, 96
Musizieren; Musikproduktion (musikdidaktisch) 83, 124, 128 f., 133f., 147
Mythos 68, 78, 123, 132, 134 f., 143

N
Natürlichkeit 42
Naturwissenschaft 21
Netz 54 f.
Neue Mensch, Der 143
Neue Musik 38
Neugier 25
Neuzeit 38, 67, 84 f.
Normen 12, 26, 70, 78, 103, 112
Notation 48 f., 120 ff., 124, 129 f., 147
Noten (Musik-) 46, 48, 79, 94, 111, 127, 145
Notenmaterial 110
NS-Zeit 140, 143

O
Objektivität 85
Offenheit der Gesellschaft 70
öffentliches Musikleben 91
Öffentlichkeit 10, 41, 88, 123, 141
Oper 70, 85
Operette 75
Ordnung 26, 77, 106
Orientierung 18, 26, 49, 63, 70, 77, 85 f., 102, 109, 140
Orientierung am Kunstwerk 140
Orientierung durch Objektivität 85
Originalität 84

P
Pädagogik 24
pädagogische Handlungskompetenz 88
Pädagogisierung 35, 66, 86
patriotische Lieder 140
Peergruppendruck 95
Peergruppen-Orientierung 12
Person 31, 90, 92, 99 f., 126
Personen (im Unterricht) 3, 28, 31, 34, 40, 63, 98
Personen (thematisch) 123
Persönlichkeit 12, 30
Pflicht 74
Phantasie 125
Phantasiespiele 26
Phonothek 88
pluralistische Gesellschaft 18 f.

Pluralität 19, 36, 69 f., 114, 149
Politik 10, 66 f.
Pop 70
Popmusik 13, 68
populäre Musik 68
Popularmusik 113, 133
postindustrielle Gesellschaft 12
postmoderner Pragmatismus 139, 141 f.
prähistorische Kulturen 135
Praxisformen (des Musikunterrichts) 59, 85, 93, 108, 123 ff.
Problemdifferenzierung 6
Projekt 28, 104, 110
Protest 96
Psyche 16, 73
Psychologie 24
Psychologismus 7
Pubertät 12, 95
Publikum 75, 104, 123
Puzzle 110
Pygmalion-Effekt 3

Q
Qualität 82, 87, 146, 148
Quasi-System 33

R
Rätsel 134
Raum, Räume (architektonisch) 3, 11, 86, 107
Realisationsstadien (der Musik) 46 f.
Realismus 4, 62, 86, 131
Rechtsstaat 66
Reflexion; Information (musikdidaktisch) 91, 124, 130 f.
Reformation 138
Reformpädagogik 36, 142
reformpädagogische Bewegung 140
Regeln (soziale) 11, 32, 69, 101
Region 12, 40
Religion 44, 64, 79, 122
Renaissance 17, 115
Repertoire (Musik-) 123, 132
Repräsentation, figurale 57, 128
Repräsentationen, formale 57
Repräsentationen, musiktranszendente 61
Rezeptionsbarrieren 98
Rhythmik 121
Richtziele 113
Rockmusik 68, 70
Rolle, -en (soziale) 33, 95, 99 f., 102
Rollenkonflikte 100
Rollenübernahme 100
Rollenverweigerung 102

S
Sachkenntnis 23
Schallplatte 85, 96
Schlaginstrumente 50
Schöne, das 29
Schülerinteressen 6, 97, 145
Schülerwünsche 90, 110
Schülerzahl 3
Schulgesang 35, 138 f., 141
Schulklasse 31, 34, 98, 100, 102
Schulleben 10
Schulorchester 77
Schutzstaat 66 f.
Schweiz 138
Seele 29
Selbstbauinstrumente 134
Selbstbestimmungsunfähigkeiten 85
Selbstillusionierung 100
Selbstvertrauen 22
semantischer Kontext 58
semantischer Raum 58
Sing- und Spielmusik 35
Singen 57, 91, 101, 115, 124, 127 ff., 131 f., 135, 147
Singularität; Gemeinsamkeit 69, 74 ff.
Singunterricht 139
Sinn 15, 73, 76, 81, 116
Sound 120
Sound-Qualität 83
sozialer Status 12
Sozialformen (des Unterrichts) 108, 110
Sozialisation 9, 11 ff., 63, 96
Sozialisation, schulische 96
Soziologismus 7

Spezialisierung 18, 81
Spezialthemen 88
Spiel 28, 104, 110, 134
Spielregeln 101, 105
Spieltrieb 25
Sprache 1, 48, 58 f., 120, 130, 144
Sprachgestaltung 23
Staat 66 f., 72, 79, 135, 141
Stil, -e 19, 75, 81 f., 98, 119, 121
Stilisierung 20, 45, 123, 132
Stilmischung 71, 82, 119
Stimme (Sing-) 113, 120 f.
Studio 88, 104
Symbol 11, 33, 43, 118, 122, 130
Synchronität 107
System 31 ff., 54, 59, 99, 101 ff.
Systematik 122
Systemtheorie 31
Szene (kultursoziologisch) 64, 75 f., 95

T

Tagesaktualität 98
Takt 75, 120, 137
talking classes 21
Tanz 1, 16, 23, 61, 84, 86, 91, 94, 96, 104, 122, 124, 133, 143
Technik (Sachgebiet) 21
Teilrealisation 127
textgebundene Musik 84
Theater 23, 122
Thema, -en (allgemein bzw. didaktisch) 6, 14 f., 27, 29, 53, 74, 78, 80, 85, 90, 104, 118 f., 123
Thematik 23, 116 ff.
thematische Ansatzpunkte 108, 118, 119 ff., 127 f.
Themenbrücke 127
Themenwahl 116
Thomas-Theorem 113
Tiere 24
Tonalitätsverständnis 92
Tönetreffen 139
Tonfolgen 117, 120
Tonqualität 50
Tontechnik 79
Tonträger 46
Totalitäre, das 67
Tradition s. Innovation; Tradition
traditionelle Kulturen 37
Transfer 18, 20
Transkulturalität 38
Triviale, das 78
Typische, das 117

U

Üben 86, 92, 101
Übung 97, 103, 128, 131
Umsetzen (musikdidaktisch) 59, 124, 133 f.
Umwelt 14, 24, 33 f., 55, 76, 99 f.
Universalien 40
Unsicherheit 69, 76 f.
Unsichtbarkeit der Musik 45 f., 48
Unterhaltung 44, 80
Unterrichtsformen 110
Unterrichtsgeschehen 102 f., 107, 127
Unterrichtsmittel 6, 82, 110 f.
Unterrichtsplan 102
Unterrichtsplanung 91, 109
Unterrichtsprinzipien 111
Unterrichtsthema 117 f.
up-to-date 71

V

Verantwortung 101, 104
Vernetzung 23, 55, 109, 119, 121 ff., 131 f.
Verstand 131
Verstehen 26, 51, 56 ff., 65, 132, 148
Verstehen durch Analogie 57 ff.
Verstehen durch Identifikation 57, 60 ff.
Versuch und Irrtum 97
Verwaltung 9, 89
Video 59, 127
Videokünste 24
Videothek 88
Vielwisserei 18
Virtualisierung 80
Volksliedpflege 143
Volksschule 137 ff.

volkstümliche Musik 13
Vormoderne 17, 38
Vorstellung 11, 23, 46, 56, 58, 122, 125 f.
Vorurteil 5, 11, 70
Vorwissen 2, 40, 53, 58

W
Wahlmöglichkeiten 65, 86 f.
Weimarer Republik 144
Weltkultur 72
Wert, -e 12, 27 ff., 43, 67, 73, 78, 80 f., 94, 97, 116, 124
Wettbewerb 25 f., 95
Wirklichkeitsorientierung 63
Wirkung, -en (von Musik) 30, 58, 126
Wirtschaft 21, 72
Wissenschaft 1, 5, 31, 79, 118, 136
wissenschaftliche Musikpädagogik 139
Wissensflut 18
Wohlfahrtsstaat 66

Z
Zäsuren 106, 108
Zeitverknappung; Zeitgewinn 69, 72 f.
Zensurengebung 82, 101
Zielbestimmung, "ideale" 114 f.
Zielbestimmung, "materiale" 115
Zielbestimmung, "mediale" 115 f.
Zielsetzung, -en 89, 106, 111 ff., 116, 123
Zivilisation 62, 72 f.
Zukunft 7, 15, 63, 67, 105 f.
Zukunftsorientierung 105
Zusammenleben 9, 107
zyklisches Zeitverständnis 106
Zylindermantel-Modell 53

John Kmetz

The Sixteenth-Century Basel Songbooks
Origins, Contents and Contexts

«Publikationen der Schweizerischen Musikforschenden Gesellschaft»
Band 35

303 Seiten, 59 schwarzweisse Abbildungen, 20 Tafeln, 27 Tabellen,
1 Musikbeispiel
kartoniert Fr. 68.– / DM 76.– / öS 555.–
ISBN 3-258-04931-9

Die kritische Untersuchung der Liederhandschriften aus dem Bestand der Basler Humanisten Bonifacius (1495–1565) und Basilius Amerbach (1533–91) brachte eine Fülle neuer Einsichten. So konnte der Basler Goldschmied Jacob Hagenbach (1535–65) als Kopist identifiziert werden. Durch kodikologische und paläographische Untersuchungen sowie Archivstudien erscheinen Entstehung, Inhalt und Bedeutung der Quellen in neuem Licht. Die Berücksichtigung der Textsammlung des Basler Mediziners Felix Platter (1536–1614) führte zu neuen aufführungspraktischen Erkenntnissen über Handschriften ohne Text aus dem deutschen Sprachbereich. Ein bibliographischer Katalog rundet die Studie ab, die einen Einblick in den musikalischen Horizont dieser prominenten Basler Bürger bietet.

Verlag Paul Haupt Bern · Stuttgart · Wien